CHANSONS
POPULAIRES
DE FRANCE.

CHANSONS
POPULAIRES

DE FRANCE

RECUEILLIES PAR G. RICHARD

PREMIÈRE SÉRIE

CHANSONS POLITIQUES
CHANSONS GAULOISES. — CHANSONS PATRIOTIQUES
CHANSONS ENFANTINES. — CHANSONS RUSTIQUES
CHANSONS GALANTES. — CHANSONS BACHIQUES
RONDES. — LÉGENDES. — COMPLAINTES

NEUVIÈME ÉDITION

PARIS
LIBRAIRIE DU PETIT JOURNAL
21, BOULEVARD MONTMARTRE
1867

INTRODUCTION.

On a toujours chanté en France, et l'on y chantera toujours, dans la tristesse ou dans la joie, aux jours de liberté et d'enthousiasme, comme aux heures de lassitude et d'oppression. La chanson n'est pas seulement une expansion de l'esprit et du cœur; c'est une compagne, une consolatrice, une amie; elle encourage aussi bien qu'elle réjouit, et ses refrains ont plus d'une fois guéri les défaillances de l'âme. A quoi bon lui faire une préface? Si les convenances et la raideur modernes la proscrivent quelquefois, elle règne en souveraine dans les réunions intimes et s'asseoit au foyer de la famille. Elle s'appelle noël ou complainte, légende ou ballade, romance ou chanson, et sous mille formes se mêle à notre vie, à nos habitudes, à nos usages. Que celui de nous qui n'a jamais chanté lui jette la première pierre. Je ne suis pas bien sûr que le Français, né malin, ait créé le vaudeville, mais fils naturel ou fils d'adoption, il jouit depuis longtemps chez nous de toutes les franchises.

Tout ce qui ne vaut pas la peine d'être dit, on le chante, — assure Figaro, — et ce paradoxe a fait du chemin dans le monde. Je voudrais bien savoir ce qui vaut réellement la peine d'être dit. En approfondissant cette question si simple, on est étonné des conséquences qu'entraîne un raisonnement aussi rigoureux. Ce pavé jeté dans l'eau détermine des ronds qui vont en s'agrandissant : on voit s'élargir sans cesse la zone des paroles inutiles et l'on reste dans l'isolement du silence.

Non, le chant ne mérite pas ce reproche de banalité. Il ajoute à l'expression l'accent qui berce l'âme et qui séduit la mémoire. Je n'en veux pour preuve que les vieux récits rhythmés que nos pères nous ont légués. Ils ont traversé les siècles sur les ailes de la chanson, et le peuple n'a pas d'autres souvenirs et d'autre histoire.

Nous avons rassemblé dans ce petit livre les chants populaires les plus connus et les plus aimés, depuis ceux dont nous berçait notre nourrice jusqu'aux hymnes patriotiques qui ont fait époque dans le passé.

La naïveté gauloise de cinq ou six romances du bon vieux temps nous a obligés à de légers retranchements qui, sans rien ôter à leur intelligence, permettent de les placer sous les yeux les plus chastes.

Disons encore que, dans le travail de copiste auquel nous nous sommes livrés, nous avons été servis par les recherches admirables et les excellents ouvrages de M. Dumersan, qu'on peut appeler le conservateur de la chanson française. Il faut de toute nécessité recourir à son œuvre, si l'on veut réunir une encyclopédie à peu près complète des chansons de nos pères (1).

G. R.

---

(1) *Chansons populaires de France*, recueillies et annotées par Dumersan : quatre beaux volumes illustrés, avec musique : 40 francs.

CHANSONS POPULAIRES DE FRANCE.

La Marseillaise.

Cette ode célèbre date de l'hiver de 1792. Elle fut composée, dans une nuit d'inspiration, par Rouget de l'Isle, officier d'artillerie en garnison à Strasbourg. Toutes les fois que le souffle de la liberté a passé sur la France, cet hymne admirable a réveillé cet enthousiasme patriotique qui sommeille quelquefois chez nous, mais qui ne s'éteint jamais.

Allons, enfants de la patrie,
Le jour de gloire est arrivé ;
Contre nous de la tyrannie
L'étendard sanglant est levé.   (*bis*)
Entendez-vous dans ces campagnes
Mugir ces féroces soldats ?
Ils viennent, jusque dans vos bras,
Égorger vos fils, vos compagnes !
Aux armes ! citoyens, formez vos bataillons,
Marchons (*bis*) qu'un sang impur abreuve nos sillons !

Que veut cette horde d'esclaves,
De traîtres, de rois conjurés ?
Pour qui ces ignobles entraves,
Ces fers dès longtemps préparés ?... (*bis*)
Français, pour nous, ah ! quel outrage !
Quels transports il doit exciter !
C'est nous qu'on ose méditer
De rendre à l'antique esclavage ?
Aux armes ! citoyens, etc.

Quoi! ces cohortes étrangères
Feraient la loi dans nos foyers!
Quoi, ces phalanges mercenaires
Terrasseraient nos fiers guerriers ? (*bis*)
Grand Dieu! par des mains enchaînées
Nos fronts sous le joug se ploieraient!
De vils despotes deviendraient
Les maîtres de nos destinées!
Aux armes! citoyens, etc.

Tremblez, tyrans, et vous perfides,
L'opprobre de tous les partis!
Tremblez! vos projets parricides
Vont enfin recevoir leur prix! (*bis*)
Tout est soldat pour vous combattre.
S'ils tombent, nos jeunes héros,
La France en produit de nouveaux,
Contre vous tout prêts à se battre.
Aux armes! citoyens, etc.

Français, en guerriers magnanimes,
Portez ou retenez vos coups;
Épargnez ces tristes victimes
A regret s'armant contre nous. (*bis*)
Mais ces despotes sanguinaires,
Mais les complices de Bouillé,
Tous ces tigres qui, sans pitié,
Déchirent le sein de leur mère!...
Aux armes! citoyens, etc.

Nous entrerons dans la carrière
Quand nos aînés ne seront plus;
Nous y trouverons leur poussière
Et la trace de leurs vertus. (*bis*)
Bien moins jaloux de leur survivre
Que de partager leur cercueil,
Nous aurons le sublime orgueil
De les venger ou de les suivre.
Aux armes! citoyens, etc.

Amour sacré de la patrie,
Conduis, soutiens nos bras vengeurs;
Liberté, liberté chérie,
Combats avec tes défenseurs! (*bis*)
Sous nos drapeaux que la victoire
Accoure à tes mâles accents!
Que tes ennemis expirants
Voient ton triomphe et notre gloire!
Aux armes! citoyens, formez vos bataillons,
Marchons (*bis*), qu'un sang impur abreuve nos sillons.

ROUGET DE L'ISLE.

Le Chant du Départ.

Cet hymne guerrier, que les soldats de la Révolution appelaient le frère de la Marseillaise, conduisit à la frontière les quatorze armées de la République. — Marie-Joseph Chénier le composa en 1794 et Méhul en fit la musique.

La victoire en chantant nous ouvre la barrière,
La liberté guide nos pas,
Et du Nord au Midi, la trompette guerrière
A sonné l'heure des combats.
Tremblez, ennemis de la France!
Rois ivres de sang et d'orgueil!
Le peuple souverain s'avance :
Tyrans, descendez au cercueil!
La république nous appelle,
Sachons vaincre ou sachons périr :
Un Français doit vivre pour elle,
Pour elle un Français doit mourir!

Une mère de famille.

De nos yeux maternels ne craignez pas les larmes :
Loin de nous de lâches douleurs!
Nous devons triompher quand vous prenez les armes;
C'est aux rois à verser des pleurs!

Nous vous avons donné la vie,
Guerriers ! elle n'est plus à vous ;
Tous vos jours sont à la patrie :
Elle est votre mère avant nous!
La république nous appelle, etc.

Deux Vieillards.

Que le fer paternel arme la main des braves !
Songez à nous au champ de Mars ;
Consacrez dans le sang des rois et des esclaves
Le fer béni par vos vieillards :
Et, rapportant sous la chaumière
Des blessures et des vertus,
Venez fermer notre paupière
Quand les tyrans ne seront plus !
La république nous appelle, etc.

Un Enfant.

De Barra, de Viala, le sort nous fait envie :
Ils sont morts, mais ils ont vaincu.
Le lâche accablé d'ans n'a point connu la vie ;
Qui meurt pour le peuple a vécu.
Vous êtes vaillants ; nous le sommes :
Guidez-nous contre les tyrans ;
Les républicains sont des hommes,
Les esclaves sont des enfants !
La république nous appelle, etc.

Une Épouse.

Partez, vaillants époux : les combats sont vos fêtes ;
Partez, modèles des guerriers.
Nous cueillerons des fleurs pour en ceindre vos têtes ;
Nos mains tresseront des lauriers ;
Et, si le temple de mémoire
S'ouvrait à vos mânes vainqueurs,
Nos voix chanteront votre gloire,
Nos flancs porteront vos vengeurs.
La république nous appelle, etc.

Une jeune Fille.

Et nous, sœurs des héros, nous qui de l'hyménée
    Ignorons les aimables nœuds,
Si, pour s'unir, un jour, à notre destinée,
    Les citoyens forment des vœux,
    Qu'ils reviennent dans nos murailles,
    Beaux de gloire et de liberté.
    Et que leur sang, dans les batailles,
    Ait coulé pour l'égalité.
    La république nous appelle, etc.

Trois Guerriers.

Sur le fer, devant Dieu, nous jurons à nos pères,
    A nos épouses, à nos sœurs,
A nos représentants, à nos fils, à nos mères,
    D'anéantir les oppresseurs :
    En tous lieux, dans la nuit profonde,
    Plongeant l'infâme royauté,
    Les Français donneront au monde
    Et la paix et la liberté :
    La république nous appelle,
    Sachons vaincre ou sachons périr :
    Un Français doit vivre pour elle,
    Pour elle un Français doit mourir !

M.-J. Chénier.

La Parisienne.

Casimir Delavigne, en 1830, voulut donner à la France un nouveau chant national, et la Parisienne célébra les journées de Juillet. Sa popularité ne dura que quelques années.

    Peuple français, peuple de braves,
    La liberté rouvre ses bras ;
    On nous disait : Soyez esclaves !
    Nous avons dit : Soyons soldats !
    Soudain Paris dans sa mémoire

A retrouvé son cri de gloire :
    En avant, marchons
    Contre leurs canons,
A travers le fer, le feu des bataillons,
    Courons à la victoire!   (bis)

Serrez vos rangs! qu'on se soutienne!
Marchons! chaque enfant de Paris
De sa cartouche citoyenne
Fait une offrande à son pays.
O jours d'éternelle mémoire!
Paris n'a plus qu'un cri de gloire :
    En avant, marchons, etc.

La mitraille en vain nous dévore :
Elle enfante des combattants.
Sous les boulets voyez éclore
Ces vieux généraux de vingt ans.
O jours d'éternelle mémoire!
Paris n'a plus qu'un cri de gloire :
    En avant, marchons, etc.

Pour briser leurs masses profondes.
Qui conduit nos drapeaux sanglants
C'est la liberté des deux mondes,
C'est Lafayette en cheveux blancs.
O jours d'éternelle mémoire!
Paris n'a plus qu'un cri de gloire :
    En avant, marchons, etc.

Les trois couleurs sont revenues,
Et la colonne avec fierté
Fait briller à travers les nues,
L'arc-en-ciel de la liberté.
O jour d'éternelle mémoire!
Paris n'a plus qu'un cri de gloire :
    En avant, marchons, etc.

Soldat du drapeau tricolore,
D'Orléans, toi qui l'as porté,

Ton sang se mêlerait encore
A celui qu'il nous a coûté.
Comme aux beaux jours de notre histoire,
Tu redirais ce cri de gloire :
    En avant, marchons, etc.

Tambours, du convoi de nos frères
Roulez le funèbre signal.
Et nous, de lauriers populaires
Chargeons leur cercueil triomphal.
O temple de deuil et de gloire !
Panthéon, reçois leur mémoire !
    Portons-les, marchons,
    Découvrons nos fronts,
Soyez immortels, vous tous que nous pleurons,
    Martyrs de la victoire !   (*bis*)

                CASIMIR DELAVIGNE.

Vive Henri IV.

Le premier couplet de cette chanson paraît remonter au règne du roi béarnais. — Les couplets suivants sont de Collé qui les fit pour sa comédie : *La partie de chasse de Henri IV.*

    Vive Henri Quatre !
    Vive ce roi vaillant !
      Ce diable à quatre
      A le triple talent
      De boire et de battre,
      Et d'être un vert galant.

    Chantons l'antienne
    Qu'on chant'ra dans mille ans :
      Que Dieu maintienne
      En paix ses descendants,
      Jusqu'à ce qu'on prenne
      La lune avec les dents.

J'aimons les filles
Et j'aimons le bon vin ;
De nos bons drilles
Voilà tout le refrain.
Oui, j'aimons les filles,
Et j'aimons le bon vin.

Moins de soudrilles
Eussent troublé le sein
De nos familles,
Si l'ligueux plus humain
Eût aimé les filles,
Eût aimé le bon vin.

5. Chant national.

Cet hymne, qui fut populaire sous le premier Empire, porte également le nom de chant de liberté. Il date de la République, comme l'indiquent ses paroles, et s'il fut conservé sous le règne de Napoléon le Grand, c'est à cause de l'équivoque à laquelle se prête le premier vers. — Le mot Empire, à l'origine, signifiait Patrie.

Veillons au salut de l'Empire,
Veillons au maintien de nos droits !
Si le despotisme conspire,
Conspirons la perte des rois !
Liberté ! que tout mortel te rende hommage.
Tremblez, tyrans ! vous allez expier vos forfaits !
Plutôt la mort que l'esclavage !
C'est la devise des Français.

Du salut de notre patrie
Dépend celui de l'univers ;
Si jamais elle est asservie,
Tous les peuples sont dans les fers.
Liberté ! que tout mortel te rende hommage.
Tremblez, tyrans ! vous allez expier vos forfaits !
Plutôt la mort que l'esclavage !
C'est la devise des Français.

Ennemis de la tyrannie,
Paraissez tous, armez vos bras.
Du fond de l'Europe avilie,
Marchez avec nous aux combats.
Liberté! que ce nom sacré nous rallie.
Poursuivons les tyrans, punissons leurs forfaits!
    Nous servons la même patrie :
    Les hommes libres sont Français.

Jurons union éternelle
Avec tous les peuples divers ;
Jurons une guerre mortelle
A tous les rois de l'univers.
Liberté! que ce nom sacré nous rallie!
Poursuivons les tyrans, punissons leurs forfaits!
    On ne voit plus qu'une patrie
    Quand on a l'âme d'un Français.

La Carmagnole.

Nous donnons comme curiosité les principaux couplets de cette chanson démagogique. Elle date d'août 1792 et fut très-populaire sous la terreur. — L'air en est probablement italien.

Madam' Veto avait promis   *(bis)*
De faire égorger tout Paris ;   *(bis)*
    Mais son coup a manqué,
    Grâce à nos canonniers.
    Dansons la carmagnole,
Vive le son! vive le son!
    Dansons la carmagnole,
Vive le son du canon!

Monsieur Veto avait promis   *(bis)*
D'être fidèle à sa patrie ;   *(bis)*
    Mais il y a manqué,
    Ne faisons plus quartier.
    Dansons la carmagnole, etc.

Les Suisses avaient tous promis (*bis*)
Qu'ils feräient feu sur nos amis; (*bis*)
   Mais comme ils ont sauté,
   Comme ils ont tous dansé !
   Chantons notre victoire, etc.

Le patriote a pour amis, (*bis*)
Tous les bonnes gens du pays : (*bis*)
   Mais ils se soutiendront
   Tous au son du canon.
   Dansons la carmagnole, etc.

L'aristocrate a pour amis, (*bis*)
Tous les royalist's à Paris; (*bis*)
   Ils vous les soutiendront
   Tout comm' des vrais poltrons.
   Dansons la carmagnole, etc.

La gendarm'rie avait promis (*bis*)
Qu'elle soutiendrait la patrie, (*bis*)
   Mais ils ont tous manqué
   Au son du canonnier.
   Dansons la carmagnole, etc.

Amis, restons toujours unis, (*bis*)
Ne craignons pas nos ennemis; (*bis*)
   S'ils viennent attaquer,
   Nous les ferons sauter.
   Dansons la carmagnole, etc.

Oui, je suis sans-culotte, moi, (*bis*)
En dépit des amis du roi, (*bis*)
   Vivent les Marseillois,
   Les Bretons et nos lois.
   Dansons la carmagnole, etc.

Oui, nous nous souviendrons toujours (*bis*)
Des sans-culottes des faubourgs. (*bis*)
   A leur santé, buvons.
   Vivent ces bons lurons!

Dansons la carmagnole,
Vive le son ! vive le son !
Dansons la carmagnole,
Vive le son du canon !

Ça ira.

Cette chanson, composée à la même époque que la précédente, sur un air de vaudeville, ne doit sa célébrité qu'à l'antithèse révoltante qui permettait d'égayer de flonflons les exécutions politiques. Elle est plus que médiocre comme air et comme paroles.

Ah! ça ira, ça ira, ça ira,
Le peuple en ce jour sans cesse répète :
Ah! ça ira, ça ira, ça ira,
Malgré les mutins, tout réussira.

Nos ennemis confus en restent là,
Et nous allons chanter *Alleluia*.
Ah! ça ira, ça ira, ça ira.
En chantant une chansonnette,
Avec plaisir on dira :
Ah! ça ira, ça ira, ça ira.
Le peuple en ce jour sans cesse répète :
Ah! ça ira, ça ira, ça ira,
Malgré les mutins, tout réussira.

Quand Boileau, jadis, du clergé parla,
Comme un prophète il prédit cela.
Ah! ça ira, ça ira, ça ira,
Suivant les maximes de l'Évangile ;
Ah! ça ira, ça ira, ça ira,
Du Législateur tout s'accomplira ;
Celui qui s'élève, on l'abaissera ;
Et qui s'abaisse, on l'élèvera.
Ah! ça ira, ça ira, ça ira,
Le peuple en ce jour sans cesse répète :
Ah! ça ira, ça ira, ça ira,
Malgré les mutins, tout réussira.

Le vrai catéchisme nous instruira
Et l'affreux fanatisme s'éteindra,
    Pour être à la loi docile,
    Tout Français s'exercera.
Ah! ça ira, ça ira, ça ira,
Le peuple en ce jour, sans cesse répète :
Ah! ça ira, ça ira, ça ira,
Malgré les mutins, tout réussira.

Ah! ça ira, ça ira, ça ira,
Pierrot et Margot chantent à la guinguette :
Ah! ça ira, ça ira, ça ira.
Réjouissons-nous, le bon temps reviendra.
Le peuple français jadis à *quia*.
L'aristocrate dit : *Mea culpa*.
Ah! ça ira, ça ira, ça ira,
Le clergé regrette le bien qu'il a,
Par justice la nation l'aura ;
    Par le prudent Lafayette,
    Tout trouble s'apaisera.
Ah! ça ira, ça ira, ça ira, etc.

Ah! ça ira, ça ira, ça ira,
Par les flambeaux de l'auguste assemblée.
Ah! ça ira, ça ira, ça ira,
Le peuple armé toujours se gardera.
Le vrai d'avec le faux l'on connaîtra,
Le citoyen pour le bien soutiendra.
Ah! ça ira, ça ira, ça ira,
Quand l'aristocrate protestera,
Le bon citoyen au nez lui rira ;
    Sans avoir l'âme troublée,
    Toujours le plus fort sera.
Ah! ça ira, ça ira, ça ira,
Le peuple en ce jour sans cessé répète :
Ah! ça ira, ça ira, ça ira,
Malgré les mutins tout réussira.
Ah! ça ira, ça ira, ça ira,
Petits comme grands sont soldats dans l'âme.
Ah! ça ira, ça ira, ça ira, etc.

Pendant la guerre, aucun ne trahira.
Avec cœur tout bon Français combattra ;
S'il voit, du louche, hardiment parlera.
Ah! ça ira, ça ira, ça ira,
La liberté dit : Vienne qui voudra,
Le patriotisme lui répondra,
    Sans craindre ni feu ni flammes,
    Le Français toujours vaincra!
Ah! ça ira, ça ira, ça ira,
Le peuple en ce jour sans cesse répète :
Ah! ça ira, ça ira, ça ira,
Malgré les mutins tout réussira.
        LADRÉ.

Souvenirs d'un vieux militaire.

Cette chanson d'Émile Debraux fut écrite vers 1815, alors que la France subissait l'invasion étrangère comme une expiation de ses victoires.

Te souviens-tu, disait un capitaine
Au vétéran qui mendiait son pain,
Te souviens-tu, qu'autrefois dans la plaine
Tu détournas un sabre de mon sein?
Sous les drapeaux d'une mère chérie,
Tous deux jadis nous avons combattu ;
Je m'en souviens, car je te dois la vie ;
Mais toi, soldat, dis-moi, t'en souviens-tu?

Te souviens-tu de ces jours trop rapides,
Où le Français acquit tant de renom?
Te souviens-tu que sur les pyramides,
Chacun de nous osa graver son nom?
Malgré les vents, malgré la terre et l'onde,
On vit flotter, après l'avoir vaincu,
Notre étendard sur le berceau du monde :
Dis-moi, soldat, dis-moi t'en souviens-tu?

Te souviens-tu que les preux d'Italie
Ont vainement combattu contre nous ?
Te souviens-tu que les preux d'Ibérie
Devant nos chefs ont plié les genoux ?
Te souviens-tu qu'aux champs de l'Allemagne,
Nos bataillons, arrivant impromptu,
En quatre jours ont fait une campagne :
Dis-moi, soldat, dis-moi, t'en souviens-tu ?

Te souviens-tu de ces plaines glacées
Où le Français, abordant en vainqueur,
Vit sur son front les neiges amassées
Glacer son corps sans refroidir son cœur ?
Souvent alors, au milieu des alarmes,
Nos pleurs coulaient, mais notre œil abattu
Brillait encor quand on volait aux armes :
Dis-moi, soldat, dis-moi, t'en souviens-tu ?

Te souviens-tu qu'un jour notre patrie,
Vivante encor descendit au cercueil,
Et que l'on vit dans Lutèce flétrie
Des étrangers marcher avec orgueil ?
Grave en ton cœur ce jour pour le maudire,
Et quand Bellone enfin aura paru,
Qu'un chef jamais n'ait besoin de te dire :
Dis-moi, soldat, dis-moi, t'en souviens-tu ?

Te souviens-tu.... Mais ici ma voix tremble
Car je n'ai plus de noble souvenir ;
Viens-t'en, l'ami, nous pleurerons ensemble
En attendant un meilleur avenir ;
Mais si la mort, planant sur ma chaumière,
Me rappelait au repos qui m'est dû,
Tu fermeras doucement ma paupière
En me disant : Soldat, t'en souviens-tu ?

ÉMILE DEBRAUX.

Le Départ du Conscrit.

Je suis t'-un pauvre conscrit,
De l'an mil huit cent dix ;   (bis)
Faut quitter le Languedo'
　　Le Languedo', le Languedo'
　　　　Oh !
Faut quitter le Languedo'
　　Avec le sac sur le dos.

Le maire, et aussi le préfet,
N'en sont deux jolis cadets ;   (bis)
Il nous font tiré z'-au sort,
　　Tiré z'-au sort, tiré z'-au sort.
　　　　Ort ;
Ils nous font tiré z'-au sort,
　　Pour nous conduir' z'à la mort.

Adieu donc, chers parents,
N'oubliez pas votre enfant ;   (bis)
Crivéz li de temps en temps,
De temps en temps, de temps en temps,
Crivéz li de temps en temps
Pour lui envoyer de l'argent.

Adieu donc, chères beautés,
Dont nos cœurs son' z'enchantés ;   (bis)
Ne pleuréz point not' départ,
　　Not' départ, not' départ
　　　　Art ;
Ne pleuréz point not' départ,
　　Nous reviendrons to'z'ou tard.

Adieu donc, mon tendre cœur,
Vous consolerez ma sœur ;   (bis)
Vous y diréz que Fanfan,
　　Que Fanfan, que Fanfan
　　　　An ;
Vous y diréz que Fanfan
　　Il est mort z'en combattant.

Qui qu'a fait cette chanson?
N'en sont trois jolis garçons ;   (bis)
Ils étiont faiseux de bas,
   Faiseux de bas, faiseux de bas,
      Ah !
Ils étiont faiseux de bas,
   Et à c't' heure ils sont soldats.

Le Retour du Conscrit.

Ah ! que je suis donc chagrinée,
Que mon amant s'est engagé !
   Je pleure tous les soirs,
   Que je peux pas savoir
   Quand je vas le revoir.
Y a deux ans qu'il est parti,
   Avec son beau fusil,
   Pour tuer les ennemis.

— Ah ! bah ! la bell', ne pleurez pu,
Que votre amant est revenu.
   — J'vous r'connais ; en partant,
   Vous étiez paysan,
   A présent, changement !
   Comm' tu es-t-habillé !
   Te voilà retapé
   Comme un vrai grenadier.

— François', ma mignonn', mon tendron,
Je reviens pour fair' la moisson.
   Je suis un beau guerrier
   Qui n'a pas déserté ;
   Je viens pour t'épouser.
   François', ma mi', mon cœur,
   Donne-moi tes faveurs,
   Je suis ton serviteur.
          Du Mersan *et* Brazier.

Relantamplan.

Cette chanson terminait une pièce de Favart, qui eut un grand succès en 1758, et dont le vaudeville final courut tout Paris.

Je veux, au bout d'une campagne,
Me voir déjà joli garçon ;
Des héros que l'on accompagne
On saisit l'air, on prend le ton :
Des ennemis, ainsi qu'des belles
On est vainqueur en l's'imitant.
  Et r'li, et r'lan,
On prend d'assaut les citadelles,
Relan tamplan, tambour battant.

Braves garçons que l'honneur mène,
Prenez parti dans Orléans ;
Not' coronel, grand capitaine,
Est le patron des bons vivants :
Dam' il fallait le voir en plaine
Où le danger était l'plus grand.
  Et r'li, et r'lan,
Lui seul en vaut une douzaine,
Relan tamplan, tambour battant.

Nos officiers dans la bataille
Sont pêle-mêle avec nous tous :
Il n'en est point qui ne nous vaille,
Et les premiers ils sont aux coups.
Un général, fût-il un prince,
Des grenadiers se met au rang,
  Et r'li, et r'lan,
Fond sur l's'ennemis et vous les rince,
Relan tamplan, tambour battant.

Vaillant et fier sans arrogance,
Et respecter ses ennemis ;
Brutal pour qui fait résistance,
Honnête à ceux qui sont soumis :

Servir le roi, servir les dames :
Voilà l'esprit du régiment.
  Et r'li, et r'lan,
Nos grenadiers sont bonnes lames,
Et vont toujours tambour battant.

Viens vite prendre la cocarde ;
Du régiment quand tu seras,
Avec respect j'veux qu'on te r'garde :
Le prince est l'chef, et j'sons les bras.
Par le courage on se ressemble :
J'ons même cœur et sentiment.
  Et r'li, et r'lan,
Droit à l'honneur j'allons ensemble,
Relan tamplan, tambour battant.

La jeune Agnès devint ma femme ;
J'étais le maître à la maison.
Au bout d'un mois, changeant de gamme,
Elle fut pire qu'un dragon.
Pauvres époux, voyez ma peine :
Si je m'échappe un seul instant,
  Et r'li, et r'lan,
Relan tamplan elle me mène,
Relan tamplan, tambour battant.

Quand un mari fait bon ménage,
Que de sa femme il est l'amant,
Frauder ses droits est un outrage
Que l'on excuse rarement.
S'il va courir la pretentaine,
Ne peut-on pas en faire autant ?
  Et r'li, et r'lan,
Relan tamplan on vous le mène,
Relan tamplan, tambour battant.

FAVART.

Fanfan La Tulipe.

Comme l'mari d'notre mère
Doit toujours s'appeler papa,
Je vous dirai que mon père
Un certain jour me happa ;
Puis me menant jusqu'au bas d'la rampe,
M'dit ces mots qui m'mirent tout sens d'sus d'sous.
  « J'te dirai, ma foi,
  N'y a plus rien pour toi,
    Rien chez nous :
    V'là cinq sous,
    Et décampe.
En avant, Fanfan La Tulipe,
  Mill' millions d'un' pipe,
    En avant ! »

Puisqu'il est d'fait qu'un jeune homme,
Quand il a cinq sous vaillant,
Peut aller d'Paris à Rome,
Je partis en sautillant.
L'premier jour je trottais comme un ange,
Mais l'lendemain j'mourais quasi de faim.
    Un r'cruteur passa
    Qui me proposa....
      Pas d'orgueil,
      J'm'en bats l'œil,
      Faut que j' mange.
En avant, Fanfan La Tulipe, etc.

    Quand j'entendis la mitraille,
    Comm' je r'grettais mes foyers !
    Mais quand j'vis à la bataille
    Marcher nos vieux grenadiers :
Un instant, nous somm's toujours ensemble
Ventrebleu ! me dis-je alors tout bas :
      Allons, mon enfant,
      Mon petit Fanfan,

Vite au pas,
Qu'on' dis'pas
Que tu trembles.
En avant, Fanfan La Tulipe, etc.

En vrai soldat de la garde,
Quand les feux étaient cessés,
Sans regarder la cocarde,
J'tendais la main aux blessés.
D'insulter des homm's vivant encore,
Quand j'voyais des lâches se faire un jeu :
Ah ! mille ventrebleu,
Quoi ! d'vant moi, morbleu !
J'souffrirais
Qu'un Français
S'déshonore !
En avant, Fanfan La Tulipe, etc.

Longtemps soldat, vaill' que vaille,
Quoiqu'au d'voir toujours soumis,
Un' fois hors du champ d' bataille,
J' n'ai jamais connu d'enn'mis :
Des vaincus la touchante prière
M' fit toujours voler à leur secours ;
P'-t'-être que c' que pour eux
J' fais, les malheureux
L'f'ront un jour,
A leur tour,
Pour ma mère.
En avant, Fanfan La Tulipe, etc.

A plus d'une gentill' friponne
Maintes fois j'ai fait la cour,
Mais toujours à la dragonne :
C'est vraiment l'chemin l'plus court.
Et j'disais, quand une fille un peu fière
Sur l'honneur se mettait à dada :
« N' tremblons pas pour ça,
Car ces vertus-là

Tôt ou tard,
Finiss'nt par
S'laisser faire. »
En avant, Fanfan La Tulipe, etc.

Mon père dans l'infortune,
M'app'la pour le protéger ;
Si j'avais eu d'la rancune
Quel moment pour me venger !
Mais un franc, un loyal militaire
D'ses parents doit toujours être l'appui
Si j'n'avais eu que lui
Je s'rais aujourd'hui
Mort de faim ;
Mais enfin,
C'est mon père.
En avant, Fanfan La Tulipe, etc.

Maintenant je me repose
Sous le chaume hospitalier,
Et j'y cultive la rose
Sans négliger le laurier.
D'mon armur' je détache la rouille.
Si le roi m'app'lait dans les combats,
De nos jeunes soldats
En guidant les pas,
J' m'écrirais :
« J' suis Français !
Qui touche mouille.
En avant, Fanfan La Tulipe ;
Mill' millions d'un' pipe,
En avant ! »

ÉMILE DEBRAUX.

Roland.

La chanson militaire qui suit est d'Alexandre Duval. Elle résume et rassemble avec assez de bonheur les chants et les légendes militaires qui depuis près de dix siècles racontaient les exploits de Roland.

Où vont tous ces preux chevaliers,
L'orgueil et l'espoir de la France?...
C'est pour défendre nos foyers
Que leur main a repris la lance;
Mais le plus brave, le plus fort,
C'est Roland, ce foudre de guerre;
S'il combat, la faux de la mort
Suit les coups de son cimeterre.
Soldats français, chantons Roland,
L'honneur de la chevalerie,
Et répétons, en combattant,
Ces mots sacrés : Gloire et patrie !

Déjà mille escadrons épars
Couvrent le pied de ces montagnes;
Je vois leurs nombreux étendards
Briller sur les vertes campagnes.
Français, là sont vos ennemis :
Que pour eux seuls soient les alarmes:
Qu'ils tremblent; tous seront punis!...
Roland a demandé ses armes!
Soldats français, etc.

L'honneur est d'imiter Roland,
L'honneur est près de sa bannière;
Suivez son panache éclatant,
Qui vous guide dans la carrière.
Marchez, partagez son destin;
Des ennemis, que fait le nombre!
Roland combat : ce mur d'airain
Va disparaître comme une ombre.
Soldats français, etc.

Combien sont-ils ? combien sont-ils ?
C'est le cri du soldat sans gloire ;
Le héros cherche les périls ;
Sans les périls qu'est la victoire ?
Ayons tous, ô braves amis !
De Roland l'âme noble et fière :
Il ne comptait ses ennemis
Qu'étendus morts sur la poussière.
Soldats français, etc.

Mais j'entends le bruit de son cor
Qui résonne au loin dans la plaine...
Eh quoi ! Roland combat encor !
Il combat !... O terreur soudaine !
J'ai vu tomber ce fier vainqueur ;
Le sang a baigné son armure ;
Mais, toujours fidèle à l'honneur,
Il dit, en montrant sa blessure :

« Soldats français !... chantez Roland :
Son destin est digne d'envie.
Heureux qui peut en combattant
Vaincre et mourir pour sa patrie ! »

Bayard.

Emporté par trop de vaillance
Au milieu des rangs ennemis,
Le héros, l'espoir de la France
Vient de mourir pour son pays.
Preux chevaliers, timides pastourelles,
Que je gémis sur votre sort !
L'appui des rois, le défenseur des belles,
Bayard est mort ! Bayard est mort !

Honneur de la chevalerie,
Tendre amant, courageux soldat,

Il cédait tout à son amie,
Et tout lui cédait au combat.
Preux chevaliers, etc.

Bon chevalier, ami sincère,
Toujours sans reproche et sans peur.
Au milieu des cris de la guerre,
La pitié parlait à son cœur.
Preux chevaliers, timides pastourelles,
Que je gémis sur votre sort!
L'appui des rois, le défenseur des belles,
Bayard est mort! Bayard est mort!

Le Départ du Grenadier.

Guernadier, que tu m'affliges
En m'appeurnant ton départ!
Va dire à ton capitaine
Qu'il te laisse en nos cantons,
Que j'en serai
Bien aise, contente, ravie,
De t'y voir en garnison.

Ma Fanchon, sois-en ben sûre,
Je ne t'oublierai jamais;
C'est ton amant qui te l'jure,
Et crois bien qu'il n'aura pas
Le cœur assez capable,
Barbare, perfide,
D'oublier tous tes attraits.

Guernadier, puisque tu quittes
Ta Fanchon, ta bonne amie;
Tiens, voilà quatre chemises,
Cinq mouchoirs, un' pair' de bas;
Sois-moi toujours fidèle,
Constant, sincère,
Je ne t'oublierai jamais.

La Gamelle patriotique.

Savez-vous pourquoi, mes amis,
Nous sommes tous si réjouis?
   C'est qu'un repas n'est bon
   Qu'apprêté sans façon :
  Mangeons à la gamelle.
     Vive le son! (*bis*.)
  Mangeons à la gamelle.
 Vive le son du chaudron!

Nous faisons fi des bons repas,
On y veut rire, on ne peut pas.
   Le mets le plus friand,
   Dans un vase brillant,
  Ne vaut pas la gamelle.
     Vive le son, etc.

Point de froideur, point de hauteur,
L'aménité fait le bonheur;
   Non, sans fraternité,
   Il n'est point de gaieté.
  Mangeons à la gamelle.
     Vive le son! etc.

Vous qui bâillez dans vos palais
Où le plaisir n'entra jamais,
   Pour vivre sans souci
   Il faut venir ici
  Manger à la gamelle.
     Vive le son! etc.

On s'affaiblit dans le repos,
Quand on travaille on est dispos.
   Que nous sert un grand cœur
   Sans la mâle vigueur
  Qu'on gagne à la gamelle.
     Vive le son! etc.

Savez-vous pourquoi les Romains
Ont subjugué tous les humains ?
   Amis, n'en doutez pas,
   C'est que ces fiers soldats
  Mangeaient à la gamelle.
     Vive le son ! etc.

Bientôt les brigands couronnés,
Mourant de faim, proscrits, bernés,
   Vont envier l'état
   Du plus pauvre soldat
  Qui mange à la gamelle.
     Vive le son ! etc.

Ces Carthaginois si lurons,
A Capoue ont fait les capons.
   S'ils ont été vaincus,
   C'est qu'ils ne daignaient plus
  Manger à la gamelle.
     Vive le son ! etc.

Ah ! s'ils avaient le sens commun,
Tous les peuples n'en feraient qu'un :
   Loin de s'entr'égorger,
   Ils viendraient tous manger
  A la même gamelle.
     Vive le son ! etc.

Amis, terminons ces couplets
Par le serment des bons Français.
   Jurons tous, mes amis,
   D'être toujours unis.
  Vive la république !
     Vive le son ! (*bis*)
Vive la république !
Vive le son du canon !

Fanchon.

Amis, il faut faire une pause :
J'aperçois l'ombre d'un bouchon ;
Buvons à l'aimable Fanchon,
Pour elle faisons quelque chose.
Ah ! que son entretien est doux,
Qu'elle a de mérite et de gloire !
Elle aime à rire, elle aime à boire,
Elle aime à chanter comme nous.

Fanchon, quoique bonne chrétienne,
Fut baptisée avec du vin ;
Un Allemand fut son parrain,
Une Bretonne sa marraine.
Ah ! que son entretien est doux, etc.

Elle préfère une grillade
Au repas le plus délicat ;
Son teint prend un nouvel éclat,
Quand on lui verse une rasade.
Ah ! que son entretien et doux, etc.

Si quelquefois elle est cruelle,
C'est quand on lui parle d'amour ;
Mais, moi, je ne lui fais la cour
Que pour m'enivrer avec elle.
Ah ! que son entretien est doux, etc.

Un jour le voisin La Grenade
Lui mit la main dans son corset :
Elle riposta d'un soufflet
Sur le museau du camarade.
Ah ! que son entretien est doux,
Qu'elle a de mérite et de gloire !
Elle aime à rire, elle aime à boire,
Elle aime à chanter comme nous.

Éloge de l'Eau.

Il pleut, il pleut, enfin !
Et la vigne altérée
Va se voir restaurée
Par ce bienfait divin !
De l'eau chantons la gloire,
On la méprise en vain :
C'est l'eau qui nous fait boire
    Du vin.

C'est par l'eau, j'en conviens,
Que Dieu fit le déluge ;
Mais ce souverain juge
Mit les maux près des biens.
Du déluge, l'histoire
Fait naître le raisin.
C'est l'eau qui nous fait boire
    Du vin.

Du bonheur je jouis
Quand la rivière apporte,
Presque devant ma porte,
Des vins de tous pays.
Ma cave et mon armoire,
Dans l'instant tout est plein !
C'est l'eau qui me fait boire
    Du vin.

Par un temps sec et beau,
Le meunier du village
Se morfond sans ouvrage
Et ne boit que de l'eau.
Il rentre dans sa gloire
Quand l'eau vient au moulin.
C'est l'eau qui lui fait boire
    Du vin.

S'il faut un trait nouveau,
Mes amis, je le guette.

Voyez à la guinguette
Entrer mon porteur d'eau ;
Il y perd la mémoire
Des travaux du matin.
C'est l'eau qui lui fait boire
    Du vin.

Mais à vous chanter l'eau,
Je sens que je m'altère ;
Passez-moi vite un verre
Plein de jus du tonneau.
Que tout mon auditoire
Répète mon refrain :
C'est l'eau qui lui fait boire
    Du vin.

ARMAND GOUFFÉ.

Le Cabaret.

A boire je passe ma vie,
Toujours dispos, toujours content ;
La bouteille est ma bonne amie,
Et je suis un amant constant.
Au cabaret j'attends l'aurore :
Du vin tel est l'heureux effet,
La nuit souvent me trouve encore
    Au cabaret.   (*bis*)

Si, frappé de quelques alarmes,
Mon cœur éprouve du chagrin,
Soudain on voit couler mes larmes ;
Mais ce sont des larmes de vin.
Je bois, je bois à longue haleine.
Du vin tel est l'heureux effet,
Le malheureux n'a plus de peine
    Au cabaret.   (*bis*)

Si j'étais maître de la terre,
Tout homme serait vigneron ;

Et, dieu d'amour toujours sincère,
Bacchus serait mon Cupidon.
Je ne quitterais plus sa mère,
Car, de la cour un juste arrêt
Ferait du temple de Cythère
      Un cabaret.   (*bis*)

Auteurs, qui courez vers la gloire,
Bien boire est le premier talent :
Bacchus au temple de mémoire
Obtient toujours le premier rang.
Un tonneau, voilà mon Pégase,
Ma lyre, un large robinet ;
Et je trouve le mont Parnasse
      Au cabaret.   (*bis*)

La Semaine bachique.

Commençons la semaine :
Qu'en dis-tu, cher voisin ?
Commençons par le vin,
Nous finirons de même.
Vaut bien mieux moins d'argent,
Chanter, danser, rire et boire ;
Vaut bien mieux moins d'argent,
Rire et boire plus souvent.

On veut me faire accroire
Que je mange mon bien ;
Mais on se trompe bien,
Je ne fais que le boire.
Vaut bien mieux moins d'argent, etc.

Si ta femme querelle,
Dis-lui, pour l'apaiser,
Que tu veux te griser,
Pour la trouver plus belle.
Vaut bien mieux moins d'argent, etc.

Le receveur des tailles
Dit qu'il vendra mon lit.
Je me moque de lui :
Je couche sur la paille.
Vaut bien mieux moins d'argent, etc.

Au compte de Barême
Je n'aurai rien perdu,
Je suis venu tout nu,
Je m'en irai de même.
Vaut bien mieux moins d'argent, etc.

Providence divine
Qui veilles sur nos jours,
Conserve-nous toujours
La cave et la cuisine.
Vaut bien mieux moins d'argent,
Chanter, danser, rire et boire :
Vaut bien mieux moins d'argent,
Rire et boire plus souvent.

Plus on est de Fous, plus on rit.

Des frelons bravant la piqûre,
Que j'aime à voir, dans ce séjour,
Le joyeux troupeau d'Épicure
Se recruter de jour en jour !
Francs buveurs que Bacchus attire
Dans ces retraites qu'il chérit,
Avec nous venez boire et rire;
Plus on est de fous, plus on rit.   (*bis*)

Ma règle est plus douce et plus prompte
Que les calculs de nos savants :
C'est le verre en main que je compte
Mes vrais amis, les bons vivants!
Plus je bois, plus leur nombre augmente,
Et quand ma coupe se tarit,

Au lieu de quinze j'en vois trente!...
Plus on est de fous, plus on rit.   (*bis*)

Si j'avais une salle pleine
Des vins choisis que nous sablons,
Et grande au moins comme la plaine
De Saint-Denis ou des Sablons,
Mon pinceau, trempé dans la lie,
Sur tous les murs aurait écrit :
Entrez, enfants de la folie,
Plus on est de fous, plus on rit.   (*bis*)

Entrez, soutiens de la sagesse,
Apôtres de l'humanité;
Entrez, amis de la richesse;
Entrez, amants de la beauté;
Entrez, fillettes dégourdies;
Vieilles qui visez à l'esprit;
Entrez, auteurs de tragédies;
Plus on est de fous, plus on rit.   (*bis*)

Puisque notre vie a des bornes,
Aux enfers un jour nous irons;
Et malgré le diable et ses cornes,
Aux enfers un jour nous rirons.
L'heureux espoir! que vous en semble?
Or, voici ce qui le nourrit :
Nous serons là-bas tous ensemble :
Plus on est de fous, plus on rit.   (*bis*)

Armand Gouffé.

Les Effets du Vin.

Voulez-vous suivre un bon conseil?
Buvez avant que de combattre;
De sang-froid je vaux mon pareil,
Mais lorsque j'ai bu j'en vaux quatre.
Versez donc, mes amis, versez,
Jamais je n'en puis boire assez.

Comme ce vin tourne l'esprit !
Comme il vous change une personne !
Tel qui tremble, s'il réfléchit,
Fait trembler quand il déraisonne.
Versez donc, mes amis, versez,
Je n'en puis jamais boire assez.

Ma foi, c'est un triste soldat
Que celui qui ne sait pas boire ;
Il voit les dangers du combat,
Le buveur n'en voit que la gloire.
Versez donc, mes amis, versez,
Je n'en puis jamais boire assez.

Cet univers, oh ! c'est très-beau ;
Mais pourquoi dans ce bel ouvrage
Le Seigneur a-t-il mis tant d'eau ?
Le vin me plairait davantage.
Versez donc, mes amis, versez,
Je n'en puis jamais boire assez.

S'il n'a pas fait un élément
De cette liqueur rubiconde,
Le Seigneur s'est montré prudent ;
Nous eussions desséché le monde.
Versez donc, mes amis, versez,
Je n'en puis jamais boire assez.

Fabien Pillet.

Chanson de maître Adam.

Aussitôt que la lumière
A redoré nos coteaux,
Je commence ma carrière
Par visiter mes tonneaux ;
Ravi de revoir l'aurore,
Le verre en main je lui dis :
Vois-tu sur la rive maure
Plus qu'à mon nez de rubis ?

Le plus grand roi de la terre,
Quand je suis dans un repas,
S'il me déclarait la guerre,
Ne m'épouvanterait pas.
A table rien ne m'étonne,
Et je pense, quand je bois
Si là-haut Jupiter tonne,
Que c'est qu'il a peur de moi.

Si quelque jour, étant ivre,
La mort arrêtait mes pas,
Je ne voudrais pas revivre
Pour changer ce doux trépas.
Je m'en irais dans l'Averne
Faire enivrer Alecton,
Et bâtir une taverne
Dans le manoir de Pluton.

Par ce nectar délectable,
Les démons étant vaincus,
Je ferais chanter au diable.
Les louanges de Bacchus.
J'apaiserais de Tantale
La grande altération;
Et, passant l'onde infernale,
Je ferais boire Ixion...

Au bout de ma quarantaine,
Cent ivrognes m'ont promis
De venir la tasse pleine,
Au gîte où l'on m'aura mis.
Pour me faire une hécatombe
Qui signale mon destin,
Ils arroseront ma tombe
De plus de cent brocs de vin.

De marbre ni de porphyre
Qu'on ne fasse mon tombeau;
Pour cercueil je ne désire
Que le contour d'un tonneau;

Je veux qu'on peigne ma trogne
Avec ces vers à l'entour :
Ci-gît le plus grand ivrogne
Qui jamais ait vu le jour.
Maître ADAM.

La dernière Goutte.

Eh quoi ! nous semblons engourdis ;
Nous restons froids et droits en place :
On dirait qu'un voile de glace
Nous a tous presque abasourdis.
Sachons donc bannir ce froid-là ;
Qu'enfin notre front se colore ;
Savourons le jus que voilà,
Et chantons ce refrain sonore :
Tant qu'il reste une goutte encore,
  Mes amis, desséchons-la.   (*bis*)

La guerre ayant de plus d'un preux
Dévoré le mince héritage,
A nous est le noble avantage
De lui tendre un bras généreux.
En songeant que souvent il a
Protégé ces grands qu'il implore,
Sous ces vieilles moustaches-là,
Qui d'Austerlitz ont vu l'aurore ;
Tant qu'il reste une goutte encore,
  Mes amis, desséchons-la.   (*bis*)

Loin de vouloir dicter la loi
A notre Estelle, à notre Lise,
Attendons que son œil nous dise :
Ose tout, et je suis à toi.
Quelquefois cet œil se perla
D'une larme qu'amour déplore ;
Mais sitôt qu'elle paraît là,
Qu'un brûlant baiser la dévore.

Tant qu'il reste une goutte encore,
　Mes amis, desséchons-la.　　(*bis*)

Le front couronné de bluets,
Laissons les rois et leurs ministres
Assiégés de terreurs sinistres,
Boire à peine dans leurs palais.
S'il leur faut, un jour de gala,
Un nectar qui les corrobore,
Que nous fait, buvant celui-là,
Le coteau qui le vit éclore ?
Tant qu'il reste une goutte encore,
　Mes amis, desséchons-la.　　(*bis*)

Enfin, mesurant nos désirs
Aux bienfaits d'une main sacrée,
Plongeons notre bouche altérée
Dans le calice des plaisirs.
Trop souvent ce calice-là,
Qui séduit, enivre, restaure,
De sa faux le Temps le fêla ;
C'est pourquoi, dès que naît l'aurore,
Tant qu'il reste une goutte encore,
　Mes amis, desséchons-la.　　(*bis*)

La Philosophie bachique.

Nous n'avons qu'un temps à vivre,
Amis, passons-le gaîment ;
Que celui qui doit le suivre
Ne nous cause aucun tourment.

A quoi sert d'apprendre l'histoire ?
N'est-ce pas la même partout ?
Apprenons seulement à boire ;
Quand on sait bien boire on sait tout.
　Nous n'avons qu'un temps à vivre, etc.

Qu'un tel soit général d'armée ;
Que l'Anglais succombe sous lui ;
Moi qui vis bien sans renommée,
Je ne veux vaincre que l'ennui.
 Nous n'avons qu'un temps à vivre, etc.

A parcourir la terre et l'onde,
On perd trop de temps en chemin :
Faisons plutôt tourner le monde
Par l'effet de ce jus divin.
 Nous n'avons qu'un temps à vivre, etc.

Qu'un savant à voir les planètes
Occupe son plus beau loisir ;
Je n'ai pas besoin de lunettes
Pour apercevoir le plaisir.
 Nous n'avons qu'un temps à vivre, etc.

Qu'un avide alchimiste exhale
Sa fortune en cherchant de l'or ;
J'ai ma pierre philosophale
Dans un cœur qui fait mon trésor.
 Nous n'avons qu'un temps à vivre, etc.

Au grec, à l'hébreu je renonce :
Ma maîtresse entend le français ;
Sitôt qu'à boire je prononce,
Elle me verse du vin frais !
 Nous n'avons qu'un temps à vivre,
 Amis, passons-le gaîment ;
 Que celui qui doit le suivre
 Ne nous cause aucun tourment.
         Le comte DE BONNEVAL.

Lantara.

Ah! que de chagrins dans la vie!
Combien de tribulations!

Dans mon art en butte à l'envie,
    Trompé dans mes affections ! *(bis)*
Viens m'arracher à la misanthropie,
    Jus précieux, baume divin ;
Oui, c'est par toi, par toi seul que j'oublie
    Les torts affreux du genre humain. *(bis)*

    A jeun je suis trop philosophe,
    Le monde me fait peine à voir ;
    Je ne rêve que catastrophe,
    A mes yeux tout se peint en noir. *(bis)*
Mais quand j'ai bu, tout change de figure ;
    La riante couleur du vin
Prête son charme à toute la nature,
    Et j'aime tout le genre humain. *(bis)*
        BARRÉ, RADET, DESFONTAINES *et* PICARD.

Le Délire bachique.

Mes amis, prêtez l'oreille.
Verse-moi, dieu de la treille,
Ta liqueur douce et vermeille ;
Apollon, garde ton eau.
C'est le bon vin qui m'inspire ;
Il humecte mon délire ;
Une bouteille est ma lyre,
Et mon Parnasse un tonneau.

Je ne connais qu'un grand homme,
Et c'est Noé qu'il se nomme ;
A ce saint que mon cœur chôme
J'ai juré dévotion.
Noé dont l'humeur bénigne
Nous enrichit de la vigne,
Bien mieux qu'un autre était digne
Du brevet d'invention.

La religion antique
Me semble assez poétique ;
Mais elle est trop aquatique,
Et c'est un triste tableau :
De Jouvence et d'Hippocrène
J'aime fort peu la fontaine ;
Je vois surtout avec peine
Tantale le bec dans l'eau.

Le Phlégéton redoutable
Et le Styx épouvantable
N'ont rien de fort délectable,
N'en déplaise à Jupiter :
Dans sa rigueur incroyable
Le Destin impitoyable,
Pour qu'il soit plus effroyable,
A mis de l'eau dans l'enfer.
MILLEVOYE.

Plainte d'une Amante abandonnée.

Dans les gardes françaises
J'avais un amoureux,
Fringant, chaud comme braise,
Jeune, beau, vigoureux ;
Mais de la colonelle
C'est le plus scélérat,
Pour une péronnelle
Le gueux m'a planté là.

Il avait la semaine
Deux fois du linge blanc,
Et, comme un capitaine,
La toquante d'argent,
Le fin bas d'écarlate
A côtes de melon ;
Il était de ma patte
Frisé comme un bichon.

Une petite rente,
D'un monsieur le bienfait,
Mes bijoux, ma branlante,
Tout est au berniquet ;
Il retournait mes poches,
Sans me laisser un sou.
Ce n'est pas par reproche
Mais il me mangeait tout.

De ta lame tranchante
Perce mon tendre cœur ;
Fais périr ton amante,
Ou rends-lui son bonheur.
Le passé n'est qu'un songe,
Une fichaise, un rien :
J'y passerai l'éponge ;
Viens, rentre dans ton bien.

VADÉ.

Chanson de Manon.

Chantons l'honneur et la gloire
D'une fille d'un grand cœur,
Et gravons dans la mémoire
Son courage et sa valeur ;
Dans les quatre coins du monde,
L'on parlera de Manon :
Dessus la terre et sur l'onde
L'on récitera son nom.

Après de tendres promesses,
Son amant, par intérêt,
La méprise et la délaisse,
Il bat aux champs sans délais.
Au régiment de Provence,
Il fut soudain s'enrôler,
Ressentant mille souffrances,
Songeant à sa bien aimée.

Manon se fondait en larmes
Depuis son engagement,
Pleurant et versant des larmes,
En serrant son cher enfant.
Ah! mon pauvre fils, ton père
A pour nous peu d'amitié,
Mais en peu de temps ta mère
Punira sa cruauté.

Le sachant dans le service,
Sans être trop étourdie,
La belle mit en nourrice
Son poupon, son tendre fils.
Sans en donner connaissance,
En garçon ell' s'habilla,
Puis s'en fut joindre Provence,
Où la belle s'engagea.

La voilà donc militaire,
Parement rouge, habit blanc;
Elle voit ce téméraire,
Son traître et perfide amant;
Elle faisait son service,
Belle cocarde au chapeau;
Elle portait sur sa cuisse,
Son épée en vrai faraud.

Un jour, dans le corps-de-garde,
Notre héroïne Manon,
Sortant de faire sa garde,
Parlait avec son mignon :
J'ai, dit-il, une maîtresse
Qui demeure en ce quartier;
J'espère par sa tendresse,
Que je pourrai l'épouser.

Ce discours pénétra l'âme
De Manon de toutes parts,
Mais sentant qu'elle se pâme,
S'en fut dessus les remparts.

Pour se venger sans appelle,
De sa noire trahison,
S'en fut le soir chez la belle
Pour voir venir son luron.

Ma très-chère demoiselle,
Lui dit-elle, avec esprit,
Votre amant est infidèle,
Un traître et un mal-appris.
Dans la ville de Nivelle,
Il a un petit garçon,
Avec la plus tendre belle
Qui soit dedans ce canton.

— Si le barbare est si traître,
Dites-moi la vérité.
— Pour pouvoir mieux le connaître,
Vous pouvez l'interroger.
Puis, ayant quitté la belle,
Le lendemain l'imposteur
Revint auprès de sa belle,
Qui le savait un trompeur.

Manon vit entrer le traître
Qui revenait du quartier ;
Sitôt elle sentit naître
Le désir de se venger.
Pour engendrer la querelle
A son amant Sans-Quartier,
Elle monte chez sa belle
A dessein de le narguer.

Le luron, tout en colère,
Lui dit : qui t'amène ici ?
Faut décider cette affaire,
A cinq ou six pas d'ici.
Manon répond, par bravade,
A ce traître, à ce fripon :
Depuis longtemps, camarade,
J'en cherche l'occasion.

Elle lui dit en colère :
Allons vite, l'habit bas,
Et point de botte première,
Battons-nous jusqu'au trépas.
Quand elle fut en chemise,
Il fixa son sein mignon ;
Ah ! jugez de sa surprise,
Lorsqu'il reconnut Manon.

Son épée tomba par terre ;
Il se jette à deux genoux,
Versant des larmes amères,
Pour apaiser son courroux ;
Avec transport il l'embrasse,
En la serrant tendrement,
La prie de lui faire grâce,
Au nom de son cher enfant.

Le major vint en personne
Pour savoir exactement
Si Manon était un homme,
Ce qu'il apprit sur le champ ;
Et connaissant leur négoce,
Leur fit publier des bans,
Puis leur fit faire des noces,
Le plus magnifiquement.

L'époux écrit à son père
L'aventure de Manon,
Lequel apprenant l'affaire,
S'en vient à la garnison ;
Charmé de cette nouvelle,
Et leurs congés bien signés
Il les emmène à Nivelle
Pour vivre en tranquillité.

La Bourbonnaise.

Cette chanson paraît avoir été antérieure au règne de Mme Dubarry, et lui fut seulement appliquée.

Dans Paris la grand'ville,
Garçons, femmes et filles,
Ont tous le cœur débile,
Et poussent des hélas! ah! ah! ah! ah!
La belle Bourbonnaise,
La maîtresse de Blaise,
Est très-mal à son aise,
Elle est sur le grabat, — ah! ah! ah!   *huit fois.*

N'est-ce pas grand dommage
Qu'une fille aussi sage,
Au printemps de son âge,
Soit réduite au trépas? ah! ah! ah! ah!
La veille d'un dimanche,
En tombant d'une branche,
Se fit mal à la hanche
Et se démit le bras, — ah! ah! ah!   *huit fois.*

On chercha dans la ville
Un médecin habile
Pour guérir cette fille;
Il ne s'en trouva pas, ah! ah! ah! ah!
On mit tout en usage,
Médecine et herbage,
Bon bouillon et laitage:
Rien ne la soulagea, — ah! ah! ah!   *huit fois.*

Voilà qu'elle succombe;
Elle est dans l'autre monde.
Puisqu'elle est dans la tombe,
Chantons son *Libera*, ah! ah! ah! ah!
Soyons dans la tristesse,
Et que chacun s'empresse,
En regrettant sans cesse,
Ses charmes, ses appas, — ah! ah! ah!   *huit fois.*

Pour qu'on sonnât les cloches,
On donna ses galoches,
Son mouchoir et ses poches,
Ses souliers et ses bas! ah! ah! ah! ah!
Quant à sa sœur Javotte,
On lui donna sa cotte,
Son manteau plein de crotte,
Le jour qu'elle expira, — ah! ah! ah! *huit fois.*

En fermant la paupière
Ell' finit sa carrière,
Et sans drap et sans bière
En terre on l'emporta, ah! ah! ah! ah!
La pauvre Bourbonnaise
Va dormir à son aise,
Sans fauteuil et sans chaise,
Sans lit et sans sofa, — ah! ah! ah! *huit fois.*

Monsieur et madame Denis.

SOUVENIRS DE DEUX VIEUX ÉPOUX.

MADAME DENIS.

Quoi! vous ne me dites rien?
Mon ami, ce n'est pas bien;
Jadis c'était différent;
Souvenez-vous-en, souvenez-vous-en...
J'étais sourde à vos discours,
Et vous me parliez toujours.

MONSIEUR DENIS.

Mais, m'amour, j'ai sur le corps
Cinquante ans de plus qu'alors;
Car c'était en mil sept cent;
Souvenez-vous-en, souvenez-vous-en...
An premier de mes amours,
Que ne duriez-vous toujours!

MADAME DENIS.

C'est de vous qu'en sept cent un
Une anguille de Melun
M'arriva si galamment !
Souvenez-vous-en, souvenez-vous-en...
Avec des pruneaux de Tours
Que je crois manger toujours.

MONSIEUR DENIS.

En mil sept cent deux, mon cœur
Vous déclara son ardeur ;
J'étais un petit volcan !
Souvenez-vous-en, souvenez-vous-en...
Feu des premières amours,
Que ne brûlez-vous toujours !

MADAME DENIS.

On nous maria, je crois,
A Saint-Germain-l'Auxerrois.
J'étais mise en satin blanc ;
Souvenez-vous-en, souvenez-vous-en...
Du plaisir charmants atours,
Je vous conserve toujours.

MONSIEUR DENIS.

Comme j'étais étoffé !

MADAME DENIS.

Comme vous étiez coiffé !

MONSIEUR DENIS.

Habit jaune en bouracan ;
Souvenez-vous-en, souvenez-vous-en...

MADAME DENIS.

Et culotte de velours
Que je regrette toujours.

Comme, en dansant le menuet,
Vous tendîtes le jarret !
Ah ! vous alliez joliment !

Souvenez-vous en, souvenez-vous-en...
Aujourd'hui nous sommes lourds!

MONSIEUR DENIS.

On ne danse pas toujours.
DÉSAUGIERS.

La Fille du Savetier.

Qu'un moment de vivacité
Peut causer de calamité!
Sexe chéri pour qui les larmes
Sont un besoin rempli de charmes,
Ah! qu'au récit de mes malheurs
Vos beaux yeux vont verser de pleurs!

Mon père était un savetier
Fort estimé dans son métier,
Et ma mère était blanchisseuse;
Moi, déjà j'étais ravaudeuse,
Gagnant jusqu'à dix sous par jour :
Mais qu'est l'or sans un peu d'amour?

Sur le même carré que nous
Logeait un jeune homme fort doux;
Soit que j'entre, soit que je sorte,
Toujours il était sur la porte;
A chaque heure il suivait mes pas;
Mais mes parents ne l'aimaient pas.

Un jour, j'étais innocemment
Dans la chambre de mon amant;
Mon père vient, frappe à la porte :
Grands dieux! que le diable l'emporte!
Hélas! ne pourrons-nous jamais
De nos amours jaser en paix!

Mon père, comme un furieux,
Prend mon amant par les cheveux;
Mon amant, quoique doux et tendre,
Contraint enfin de se défendre,
D'un coup poing sur le museau,
Jette papa sur le carreau.

Aux cris du vieillard moribond,
Ma mère avec un gros bâton,
Arrive comme la tempête,
Frappe mon amant sur la tête.
Ah! pour moi, quel funeste sort!
Mon amant tombe roide mort!

Pour ce fatal coup de bâton,
On conduit ma mère en prison,
On la pend, et le commissaire
M'envoie à la Salpêtrière.....
Qu'un moment de vivacité
Peut causer de calamité!

Les grandes Vérités.

Oh! le bon siècle, mes frères,
Que le siècle où nous vivons!
On ne craint plus les carrières
Pour quelques opinions.
Plus libre que Philoxène,
Je déchire le rideau;
Coulez, mes vers, de ma veine;
Peuple, voici du nouveau.

La chandelle nous éclaire;
Le grand froid nous engourdit;
L'eau fraîche nous désaltère;
On dort bien dans un bon lit;

On fait vendange en septembre ;
En juin viennent les chaleurs ;
Et quand je suis dans ma chambre,
Je ne suis jamais ailleurs.

Rien n'est plus froid que la glace ;
Pour saler il faut du sel.
Tout fuit, tout s'use et tout passe,
Dieu lui seul est éternel.
Le Danube n'est pas l'Oise ;
Le soir n'est pas le matin ;
Et le chemin de Pontoise
N'est pas celui de Pantin.

Le plus sot n'est qu'une bête ;
Le plus sage est le moins fou ;
Les pieds sont loin de la tête ;
La tête est bien près du cou.
Quand on boit trop on s'enivre ;
La sauce fait le poisson ;
Un pain d'une demi-livre
Pèse plus d'un quarteron.

Romulus a fondé Rome.
On se mouille quand il pleut.
Caton fut un honnête homme.
Ne s'enrichit pas qui veut.
On n'aime pas la moutarde
Que l'on sert après dîné.
Parlez-moi d'une camarde
Pour avoir un petit nez.

Quand un malade a la fièvre
Il ne se porte pas bien.
Qui veut courir plus d'un lièvre,
A coup sûr, n'attrape rien.
Soufflez sur votre potage,
Bientôt il refroidira ;
Enfermez votre fromage,
Ou le chat le mangera.

Les chemises ont des manches.
Tout coquin n'est pas pendu.
Tout le monde court aux branches
Lorsque l'arbre est abattu.
Qui croit tout est trop crédule.
En mesure il faut danser.
Une écrevisse recule
Toujours au lieu d'avancer.

Point de mets que l'on ne mange,
Mais il faut du pain avec ;
Et des perdrix sans orange
Valent mieux qu'un hareng sec.
Une tonne de vinaigre
Ne prend pas un moucheron ;
A vouloir blanchir un nègre
Un barbier perd son savon.

On ne se fait pas la barbe
Avec un manche à balai ;
Plantez-moi de la rhubarbe,
Vous n'aurez pas de navet.
C'était le cheval de Troie
Qui ne buvait pas de vin ;
Et les ânes qu'on emploie
Ne sont pas tous au moulin.

J'ai vu des cailloux de pierre,
Des arbres dans les forêts,
Des poissons dans la rivière,
Des grenouilles aux marais.
J'ai vu le lièvre imbécile
Craignant le vent qui soufflait,
Et la girouette mobile
Tournant au vent qui changeait.

Le bon sens vaut tous les livres ;
La sagesse est un trésor ;
Trente francs font trente livres ;
Du papier n'est pas de l'or ;

Par maint babillard qui beugle
Le sourd n'est pas étourdi ;
Il n'est rien tel qu'un aveugle
Pour n'y voir goutte à midi.

Le Cousin JACQUES.

Le Flâneur.

  Moi, je flâne ;   (bis)
Qu'on m'approuve ou me condamne !
  Moi, je flâne,   (bis)
  Je vois tout,
  Je suis partout.

Dès sept heures du matin,
Je demande à la laitière
Des nouvelles de Nanterre,
Ou bien du marché voisin ;
Ensuite au café je flûte
Un verre d'eau pectoral ;
Puis, tout en mangeant ma flûte,
Je dévore le journal.
  Moi, je flâne, etc.

J'ai des soins très-assidus
Pour les *Petites-Affiches* ;
J'y cherche les chiens caniches
Que l'on peut avoir perdus.
Des gazettes qu'on renomme
Je suis le premier lecteur ;
Après je fais un bon somme
Sur l'éternel *Moniteur*.
  Moi, je flâne, etc.

Pressant ma digestion,
Je cours à la promenade ;
Sans moi, jamais de parade,
Jamais de procession.

Joignant aux mœurs les plus sages
La gaîté, les sentiments,
Je m'invite aux mariages,
Je suis les enterrements.
    Moi, je flâne, etc.

J'inspecte le quai nouveau
Qu'on a bâti sur la Seine;
J'aime à voir d'une fontaine
Tranquillement couler l'eau.
Quelquefois, une heure entière,
Appuyé sur l'un des ponts,
Je crache dans la rivière
Pour faire des petits ronds.
    Moi, je flâne, etc.

Il faut me voir au Palais,
Debout à la cour d'assises;
Près des caillettes assises,
Je suis tous les grands procès.
De l'antre des procédures
Je vole chez Martinet;
Et dans les caricatures
Je vois souvent mon portrait
    Moi, je flâne, etc.

Almanach royal vivant,
Je connais chaque livrée,
Chaque personne titrée
Et tout l'Institut savant.
Chaque généalogie
Se logeant dans mon cerveau,
Je pourrais, par mon génie,
Siéger au conseil du *sceau*.
    Moi, je flâne, etc.

Sur les quais, comme un savant,
En prudent bibliomane,
Je fais, devant une manne,
Une lecture en plein vent.

Si je trouve un bon ouvrage,
Je sais, en flâneur malin,
Faire une corne à la page,
Pour lire le lendemain.
  Moi, je flâne, etc.

Quand le soleil est ardent,
Pour ne point payer de chaise
Et me reposer à l'aise,
Je m'étale sur un banc.
A Coblentz, aux Tuileries,
Observateur fortuné,
Combien de femmes jolies
Me passent... devant le nez!
  Moi, je flâne, etc.

Las de m'être promené,
Je vais, en gai parasite,
Rendre à mes amis visite
Quand vient l'heure du dîné.
Par une mode incivile,
S'il arrive, par malheur,
Qu'hélas! ils dînent en ville,
Alors je dîne par cœur.
  Moi, je flâne, etc.

Le soir, près des étourneaux,
A mon café je babille
Sur les effets d'une bille,
Sur un coup de dominos.
Je fais la paix ou la guerre
Avec quelque vieux nigaud,
Qui sable un cruchon de bière
En raisonnant comme un pot.
  Moi, je flâne, etc.

Enfin soyez avertis
Que je ne vais au spectacle
Que quand, par un grand miracle,
Les Français donnent *gratis*.

Sans maîtresse et sans envie,
Buvant de l'eau pour soutien,
Ainsi je mène la vie
D'un joyeux épicurien.
    Moi, je flâne ;   (bis)
Qu'on m'approuve ou me condamne !
    Moi, je flâne,   (bis)
    Je vois tout,
    Je suis partout.

CASIMIR MÉNÉTRIER.

Le Ménage de Garçon.

Je loge au quatrième étage,
C'est là que finit l'escalier ;
Je suis ma femme de ménage,
Mon domestique et mon portier.
Des créanciers quand la cohorte
Au logis sonne à tour de bras,
C'est toujours, en ouvrant ma porte,
Moi qui dis que je n'y suis pas.

De tous mes meubles l'inventaire
Tiendrait un carré de papier ;
Pourtant je reçois d'ordinaire
Des visites dans mon grenier.
Je mets les gens fort à leur aise :
A la porte un bavard maudit,
Tous mes amis sur une chaise,
Et ma maîtresse sur mon lit.

Vers ma demeure quand tu marches,
Jeune beauté, va doucement ;
Crois-moi, quatre-vingt-dix-huit marches
Ne se montent pas lestement.
Lorsque l'on arrive à mon gîte,
On se sent un certain émoi ;

Jamais sans que son cœur palpite,
Une femme n'entre chez moi.

Gourmands, vous voulez, j'imagine,
De moi pour faire certain cas,
Avoir l'état de ma cuisine.
Sachez que je fais trois repas :
Le déjeuner m'est très-facile,
De tous côtés je le reçoi :
Je ne dîne jamais qu'en ville,
Et ne soupe jamais chez moi.

Je suis riche, et j'ai pour campagne
Tous les environs de Paris ;
J'ai mille châteaux en Espagne ;
J'ai pour fermiers tous mes amis.
J'ai, pour faire le petit-maître,
Sur la place un cabriolet ;
J'ai mon jardin sur ma fenêtre,
Et mes rentes dans mon gilet.

Je vois plus d'un millionnaire
Sur moi s'égayer aujourd'hui ;
Dans ma richesse imaginaire,
Je suis aussi riche que lui.
Je ne vis qu'au jour la journée,
Lui, vante ses deniers comptants ;
Et puis à la fin de l'année,
Nous arrivons en même temps.

Un grand homme a dit dans son livre
Que tout est bien, il m'en souvient.
Tranquillement laissons-nous vivre,
Et prenons le temps comme il vient.
Si, pour recréer ce bas monde,
Dieu nous consultait aujourd'hui,
Convenons-en tous à la ronde,
Nous ne ferions pas mieux que lui.

JOSEPH PAIN.

La Paille.

Sur tout on a fait des chansons :
On a chanté le vin, les belles,
L'eau, le feu, les fleurs, les moissons,
Les brebis et les tourterelles ;
Un auteur dont je suis bien loin
Fit des vers sur l'huître à l'écaille ;
Un autre en a fait sur le foin :
Je vais m'étendre sur la paille.

La paille couvre l'humble toit,
Du laboureur modeste asile ;
Un lit de paille aussi reçoit
Son corps fatigué, mais tranquille ;
Le riche, au sein de ses palais,
Sur le duvet s'ennuie et baille.
Peines, tourments sont sous le dais,
Quand le bonheur est sur la paille.

La paille, tressée en réseaux,
Du soleil garantit nos belles ;
Grâce à ces immenses chapeaux,
Elles n'ont plus besoin d'ombrelles ;
Mais ils voilent trop leurs appas,
Et Zéphir leur livre bataille.
Il a raison : on ne doit pas
Cacher les roses sous la paille.

Jadis, respectant ses serments,
L'amant, fidèle à sa maîtresse,
Pour elle encor, après trente ans,
Brûlait d'une égale tendresse ;
Hélas ! on n'aime plus qu'un jour !
De la constance l'on se raille ;
Et maintenant les feux d'amour
Ne sont plus que des feux de paille.

Mais je n'aurais jamais fini
Si, dans l'ardeur qui me travaille,

J'entreprenais de dire ici
Tout ce qui se fait sur la paille.
Ami lecteur, je meurs d'effroi
Que ta rigueur ne me chamaille ;
Sois indulgent, car avec toi
Je ne veux pas rompre la paille.

SERVIÈRES.

Le Roi des plaisirs et le Plaisir des rois.

Sous des lambris où l'or éclate
Fouler la pourpre et l'écarlate,
Sur un trône dicter des lois,
    C'est le plaisir des rois.
Sur la fougère et sur l'herbette,
Lire dans les yeux de Lisette
Qu'elle est sensible à nos soupirs,
    C'est le roi des plaisirs.   (*bis*)

Quelque part que l'on se transporte,
Être entouré d'une cohorte,
Voir des curieux jusques aux toits
    C'est le plaisir des rois.
Quand on voyage avec Sylvie,
N'avoir pour toute compagnie
Que les amours et les zéphyrs,
    C'est le roi des plaisirs.   (*bis*)

Posséder des trésors immenses,
Briller par de riches dépenses,
Commander et donner des lois,
    C'est le plaisir des rois.
Toucher l'objet qui sait nous plaire,
Par un retour tendre et sincère,
Le voir sensible à nos désirs,
    C'est le roi des plaisirs.   (*bis*)

Agir et commander en maître,
Avec la poudre et le salpêtre

Fortement appuyer ses droits,
    C'est le plaisir des rois.
Quand le tendre enfant nous couronne,
Tenir du cœur ce qu'on nous donne,
Ne rien devoir qu'aux doux soupirs,
    C'est le roi des plaisirs.   (*bis*)

Des plus beaux bijoux de l'Asie
Parer une beauté chérie,
En charger sa tête et ses doigts,
    C'est le plaisir des rois.
Voir une petite fleurette
Toucher plus le cœur de Nanette
Que perles, rubans et saphirs,
    C'est le roi des plaisirs.   (*bis*)

Quand on est heureux à la guerre,
En informer toute la terre,
Publier partout ses exploits,
    C'est le plaisir des rois.
Lorsque l'amour nous récompense,
Goûter dans l'ombre et le silence
Le fruit de nos tendres soupirs,
    C'est le roi des plaisirs.   (*bis*)

Avec une meute bruyante,
Remplir les forêts d'épouvante,
Réduire des cerfs aux abois,
    C'est le plaisir des rois.
Avec une troupe choisie,
Chasser à grands coups d'ambroisie
La douleur et les vains soupirs,
    C'est le roi des plaisirs.   (*bis*)

Donner dans une grande fête
Des concerts à rompre la tête,
Où l'on entend mugir cent voix,
    C'est le plaisir des rois.
Dans un petit repas tranquille
Par quelque gentil vaudeville,

Du cœur exprimer les désirs,
C'est le roi des plaisirs.   (*bis*)

A des flatteurs, dont la souplesse
S'avilit jusqu'à la bassesse,
Donner souvent de beaux emplois,
C'est le plaisir des rois.
Verre en main, près de ce qu'on aime,
Railler ceux qu'une ardeur extrême
De l'ambition rend martyrs,
C'est le roi des plaisirs.   (*bis*)

PANARD.

Le Gascon.

Plus d'un Gascon erre,
Exagère,
Ment
Constamment;
Mais, cadédis!
On peut croiré cé qué jé dis.

Jé suis d'une illustré noblesse;
Tout en moi lé fait pressentir;
Néveu d'un duc, d'uné duchesse,
Leurs biens doivent m'appartenir;
Un intrus vient mé les ravir.
Ma plainte en justice est formée,
Jé veux plaider titres en mains;
Mais uné souris affamée
A dévoré mes parchémins.
    Plus d'un Gascon, etc.

Cé révers né m'affligé guères,
Car jé possédé beaucoup d'or;
A chacun dé vous, chers confrères,
J'offrirais un petit trésor,
Qué jé sérais trop riche encor.

Lé croirez-vous? j'ai la manie
Dé toujours sortir sans argent,
Bien certain qu'uné bourse amie
S'ouvrira dans un cas urgent.
    Plus d'un Gascon, etc.

Ma gardé-robe bien garnie
Est cellé d'un homme dé cour ;
Bijoux, dentelles, brodérie,
Chez moi sé trouvent tour à tour ;
J'en puis changer vingt fois par jour.
Courant les bouchons, la grisette,
Incognito, j'aime à jouir ;
Et si jé fais peu dé toilette,
C'est qué l'éclat nuit au plaisir.
    Plus d'un Gascon, etc.

En fait d'armes, mieux qu'un Saint-George
Jé manie épée, éspadon :
Voulez-vous vous couper la gorge?
Pour un *oui*, comme pour un *non*,
Moi, jé mé bats commé un démon.
Si j'avais eu l'amé moins belle,
Dieux! qué d'imprudents seraient morts!
Mais avec eux, quand j'eus querelle,
Noblément... j'oubliai leurs torts.
    Plus d'un Gascon, etc.

On a vu de l'Académie
Les membres les plus érudits
Céder la palme à mon génie,
En lisant les doctes écrits
Qu'un plat écrivassier m'a pris.
Leurs titres!... j'en fais un mystère,
Le sot qui leur doit un rénom
Parvint au fauteuil littéraire
En les publiant sous son nom.
    Plus d'un Gascon, etc.

J'éclipse en grâce, en assurance
Terpsichore et ses favoris,

Et jé fais pâlir quand jé danse
Les plus grands talents dé Paris,
Paul, Duport, Gardel et *Vestris*.
Vous lé prouver dans la minute
Né m'aurait point embarrassé,
Si je n'avais dans uné chute,
Eu lé génou droit fracassé.
    Plus d'un Gascon, etc.

Dans mes amours, du fils d'Alcmène
Jé surpassé l'heureuse ardeur;
Plus jé m'agité dans l'arène,
Plus jé sens croîtré ma vigueur :
Dé cent tendrons jé fus vainqueur.
J'invoquérais leur témoignage;
Mais, hélas! comment l'obtenir?
Chacun d'eux à la fleur de l'âge
Est mort d'un excès dé plaisir.
    Plus d'un Gascon, etc.

En bon Français, dé ma patrie
Jé fu lé zélé défenseur;
Millé fois j'exposai ma vie,
Et j'eus pour prix dé ma valeur,
Croix de Saint-Louis, Croix d'Honneur.
Qu'importe! on voit mes boutonnières
Veuves de ces *riens* élégants;
Pour moi, pour les factionnaires
Les saluts seraient fatigants.
    Plus d'un Gascon, etc.

J'eus toujours pour la chansonnette
Un talent vraiment précieux,
Et sans cessé j'ai dans la tête
Des couplets malins, gracieux,
Et les refrains les plus heureux.
Jugez, jugez dé mon mérite;
Favart, qu'on n'a pas surpassé,
Et *Panard*, qué partout on cite,

Ont écrit... cé qué j'ai pensé.
Plus d'un Gascon erre,
Exagère,
Ment
Constamment;
Mais, cadédis!
On peut croiré ce qué jé dis.

Jadis et aujourd'hui.

UN VIEILLARD.

Dans ma jeunesse
Gaîment le temps passait;
On se divertissait,
Avec grâce on dansait,
Dans un bal on faisait
Admirer son adresse.
Aujourd'hui ce n'est plus cela :
Ce n'est qu'indolence,
Langueur, négligence,
Les grâces, la danse
Sont en décadence,
Et le bal va
Cahin, caha.

UNE VIEILLE.

Dans ma jeunesse
La vérité régnait,
La vertu dominait,
La constance brillait,
La bonne foi réglait
L'amant et la maîtresse.
Aujourd'hui ce n'est plus cela :
Ce n'est qu'injustice,
Trahison, malice,
Changements, caprice,
Détours, artifice,

Et l'amour va
Cahin, caha.

LE VIEILLARD.

Dans ma jeunesse
Les veuves, les mineurs
Avaient des défenseurs ;
Avocats, procureurs,
Juges et rapporteurs
Soutenaient leur faiblesse.
Aujourd'hui ce n'est plus cela :
L'on gruge, l'on pille
La veuve, la fille,
Mineur et pupille ;
Sur tout on grapille,
Et Thémis va
Cahin, caha.

LA VIEILLE.

Dans ma jeunesse
Quand deux cœurs amoureux
S'unissaient tous les deux,
Ils sentaient mêmes feux ;
De l'hymen les doux nœuds
Augmentaient leur tendresse.
Aujourd'hui ce n'est plus cela :
Quand l'hymen s'en mêle,
L'ardeur la plus belle
N'est qu'une étincelle ;
L'amour bat de l'aile,
Et l'époux va
Cahin, caha.

LE VIEILLARD.

Dans ma jeunesse
On voyait des auteurs,
Fertiles producteurs,
Enchanter les lecteurs,
Charmer les spectateurs
Par leur délicatesse.
Aujourd'hui ce n'est plus cela :

Les vers assoupissent,
Les scènes languissent,
Les Muses gémissent,
Succombent, périssent,
Pégase va
Cahin, caha.

LA VIEILLE.

Dans ma jeunesse
Les papas, les mamans,
Sévères, vigilants,
En dépit des amants,
De leurs tendrons charmants
Conservaient la sagesse.
Aujourd'hui ce n'est plus cela :
L'amant est habile,
La fille docile,
La mère facile,
Le père imbécile,
Et l'honneur va
Cahin, caha.

LE VIEILLARD.

Dans ma jeunesse
L'homme sobre et prudent,
Au plaisir moins ardent
Se bornait sagement,
Et ce ménagement
Retardait sa vieillesse.
Aujourd'hui ce n'est plus cela :
Honteux d'être sage,
Le libertinage,
Dès quinze ans l'engage ;
A vingt il fait rage,
A trente il va
Cahin, caha.

LA VIEILLE.

Dans ma jeunesse
Les femmes dès vingt ans

Renonçaient aux amants ;
De leurs engagements
Les devoirs importants
Les occupaient sans cesse.
Aujourd'hui ce n'est plus cela :
Plus d'une grand'mère
S'efforce de plaire,
Et veut encor faire
Un tour à Cythère :
La bonne y va
Cahin, caha.

LE VIEILLARD.

Dans ma jeunesse
Des riches partisans
Les trésors séduisants,
Les fêtes, les présents
N'étaient pas suffisants
Pour vaincre une maîtresse.
Aujourd'hui ce n'est plus cela :
Un commis sans peine
Gagne une Climène,
Et dès qu'à Vincenne
En fiacre il la mène,
La vertu va
Cahin, caha.

Les Portraits à la mode.

Toujours suivre avec uniformité
Le naturel et la simplicité ;
Ne point aimer la frivolité,
C'était la vieille méthode.
J'ai peuplé Paris de mes calotins,
Je les fais courir après des pantins,
J'amuse aujourd'hui leurs goûts enfantins
Avec les portraits à la mode.

Valet modeste au service d'un grand,
Marquis du bel air soutenant son rang,
Marchand qui ne s'élevait pas d'un cran,
    C'était la vieille méthode.
Laquais insolents portant des plumets,
Les plus grands seigneurs vêtus en valets,
Des fils d'artisans en cabriolets,
    Voilà les portraits à la mode.

Graves magistrats s'occupant des lois,
Riches financiers vivant en bourgeois,
Commis sans orgueil dans de hauts emplois,
    C'était la vieille méthode.
Gentils conseillers courant les concerts,
Financiers qui tranchent des ducs et pairs,
Et petits commis prenant des grands airs,
    Voilà les portraits à la mode.

Les nymphes d'amour craignaient les brocards,
Cachaient avec soin leurs galants écarts,
Et pour la décence avaient des égards,
    C'était la vieille méthode.
On voit aujourd'hui ces objets charmants,
Avec leurs chevaux et leurs diamants,
Tirer vanité d'avoir des amants,
    Voilà les portraits à la mode.

Livrer la jeunesse à de doux loisirs,
En sachant toujours régler ses désirs;
Mais à soixante ans quitter les plaisirs,
    C'était la vieille méthode.
Des adolescents cassés et tremblants,
Des femmes coquettes en cheveux blancs,
Et de vieux barbons qui font les galants,
    Voilà les portraits à la mode.

L'hermine marquait un savoir profond,
La vertu brillait sous un habit long,

Et la bourgeoisie était sans façon,
   C'était la vieille méthode.
Je peins l'ignorance en manteau fourré,
Je peins le plaisir en bonnet carré,
Je peins la roture en habit doré ;
   Voilà les portraits à la mode.

Le faste n'était que pour la grandeur ;
Les gens à talent n'avaient point l'ardeur
De vivre comme elle dans la splendeur ;
   C'était la vieille méthode.
Dans ce joli siècle colifichet
Un petit danseur, un tireur d'archet
En Phaéton va courir le cachet ;
   Voilà les portraits à la mode.

En habit lugubre, le médecin
Traitait gravement son art assassin,
Une mule composait tout son train ;
   C'était la vieille méthode.
Chargés de bijoux plus que de latin,
De petits docteurs ont le ton badin,
Et vont dans un char verni par Martin ;
   Voilà les portraits à la mode.

Avant de rimer, trouver un sujet,
Avoir le bon sens pour premier objet,
Avec intérêt remplir son projet ;
   C'était la vieille méthode.
Sans ces règles-là toujours nous brillons,
Héros des Corneille et des Crébillon,
En bel oripeau nous vous habillons ;
   On vous met en vers à la mode.

Les fameux artistes dans leurs tableaux
Savaient exprimer les traits les plus beaux ;
Le goût conduisait leurs savants pinceaux ;
   C'était la vieille méthode.
A présent tout est pièces et morceaux.
On fait la figure avec des ciseaux,

On nous rend aussi noirs que des corbeaux ;
Voilà les portraits à la mode.

PANARD.

Les Raretés.

On dit qu'il arrive ici
  Une compagnie
Meilleure que celle-ci
  Et bien mieux choisie.
Va-t'en voir s'ils viennent, Jean,
  Va-t'en voir s'ils viennent.

Un abbé qui n'aime rien
  Que le séminaire,
Qui donne aux pauvres son bien,
  Et dit son bréviaire.
Va-t'en voir s'ils viennent, Jean,
  Va-t'en voir s'ils viennent.

Un magistrat curieux
  De jurisprudence,
Et qui devant deux beaux yeux
  Tient bien la balance.
Va-t'en voir s'ils viennent, Jean,
  Va-t'en voir s'ils viennent.

Une femme et son époux,
  Couple bien fidèle ;
Elle le préfère à tous,
  Et lui n'aime qu'elle.
Va-t'en voir s'ils viennent, Jean,
  Va-t'en voir s'ils viennent.

Un chanoine dégoûté
  Du bon jus d'octobre ;

Un auteur sans vanité ;
   Un musicien sobre.
Va-t'en voir s'ils viennent, Jean,
   Va-t'en voir s'ils viennent.

Un Breton qui ne boit point ;
   Un Gascon tout bête ;
Un Normand franc de tout point ;
   Un Picard sans tête.
Va-t'en voir s'ils viennent, Jean,
   Va-t'en voir s'ils viennent.

Une femme que le temps
   A presque flétrie,
Qui voit des appas naissants
   Sans aucun envie.
Va-t'en voir s'ils viennent, Jean,
   Va-t'en voir s'ils viennent.

Une belle qui, cherchant
   Compagne fidèle,
La choisit, en la sachant
   Plus aimable qu'elle.
Va-t'en voir s'ils viennent, Jean,
   Va-t'en voir s'ils viennent.

Un savant prédicateur
   Comme Bourdaloue,
Qui veut toucher le pécheur
   Et craint qu'on le loue.
Va-t'en voir s'ils viennent, Jean,
   Va-t'en voir s'ils viennent.

Une nonne de Lonchamps,
   Belle comme Astrée,
Qui brûle, en courant les champs,
   D'être recloîtrée.
Va-t'en voir s'ils viennent, Jean,
   Va-t'en voir s'ils viennent.

Un médecin sans grands mots,
D'un savoir extrême,
Qui n'ordonne point les eaux
Et guérit lui-même.
Va-t'en voir s'ils viennent, Jean,
Va-t'en voir s'ils viennent.

Et, pour bénédiction,
Nous aurons un moine,
Fort dans la tentation
Comme saint Antoine.
Va-t'en voir s'ils viennent, Jean,
Va-t'en voir s'ils viennent.

DE LA MOTTE.

Le Hollandais.

Un Hollandais, riche comme un Crésus,
Au lourd maintien, à face ronde,
Se dit un jour : « Consacrons mes écus
Aux jouissances de ce monde.
Rassemblons à la fois
Les objets dont le choix
Offre au mortel la plus suave ivresse;
Pour me bien divertir ce soir,
Dans mon logis je veux avoir
Pot de bière, pipe et maîtresse. »

Il va chercher au fond d'un cul-de-sac,
Dans la plus belle tabagie,
Un pot de bière, une once de tabac,
Et la femme la plus jolie;
Il reprend son chemin,
Bière et tabac en main,
Et sous son bras l'objet de sa tendresse;
Il revient chez lui tout joyeux
D'avoir, pour contenter ses vœux,
Pot de bière, pipe et maîtresse.

Qu'un Hollandais doit bénir son destin
  Quant il boit, qu'il aime et qu'il fume !
A ses côtés il pose un verre plein,
  Et puis sa pipe, qu'il allume ;
    Dans un fauteuil à bras
    Il place les appas
De sa moderne et robuste Lucrèce.
  « Mais, dit-il, par où commencer?
  Qui dois-je d'abord caresser?
  Pot de bière, pipe ou maîtresse? »

Il prend sa pipe, et puis il réfléchit
  Qu'il devrait commencer par boire.
Il prend son verre, et soudain il se dit :
  « Non, l'amour aura la victoire. »
    Mais, tout en se hâtant,
    L'infortuné répand
Le pot de bière ; et cette maladresse
    Fait sauver la belle, et du coup
    Sa pipe s'éteint : il perd tout,
    Pot de bière, pipe et maîtresse.

Faibles mortels, c'est ainsi qu'à vos yeux
  Le bonheur s'envole en fumée,
Soit qu'à l'amour vous adressiez vos vœux,
  Soit à l'or, à la renommée.
    Un grand perd ses États,
    Un gourmand un repas,
L'auteur sa rime, un traitant sa richesse.
    Hélas! au moment de jouir,
    On voit tomber, s'éteindre ou fuir
    Pot de bière, pipe et maîtresse!

SAINT-FÉLIX.

Le fond de la Besace.

Un jour le bon frère Étienne,
  Avec le joyeux Eugène,

Tous deux la besace pleine,
Suivis du frère François,
Entrant tous *à la Galère*,
Y firent si bonne chère
Aux dépens du monastère,
Qu'ils s'enivrèrent tous trois.

Ces trois grands coquins de frères,
Perfides dépositaires
Du dîner de leurs confrères,
S'en donnent jusqu'au menton ;
Puis, ronds comme des futailles,
Escortés de cent canailles,
Du corps battant les murailles,
Ils regagnent la maison.

Le portier, qui les voit ivres,
Leur demande où sont les vivres.
« Bon ! dit l'autre, avec ses livres,
Nous prend-il pour des savants ?
Je me passe bien de lire,
Mais pour chanter, boire et rire,
Et tricher la tirelire,
Bon ! à cela je m'entends. »

Au réfectoire on s'assemble ;
Vieux dont le râtelier tremble
Et les jeunes, tous ensemble
Ont un égal appétit.
Mais, ô fortune ennemie !
Est bien fou qui s'y confie ;
C'est ainsi que dans la vie
Ce qu'on croit tenir nous fuit.

Arrive frère Pancrace,
Faisant piteuse grimace
De ne rien voir à sa place,
Pour boire ni pour manger ;
A son voisin il s'informe
S'il serait venu de Rome

Quelque bref portant réforme
Sur l'usage du dîner.

« Bon ! répond son camarade,
N'ayez peur qu'on s'y hasarde ;
Sinon, je prends la cocarde
Et je me ferai Prussien.
Qu'on me parle d'abstinence
Quand j'ai bien rempli ma panse,
J'y consens ; mais sans pitance,
Je suis fort mauvais chrétien.

—Resterons-nous donc tranquilles
Comme de vieux imbéciles ?
Répliqua père Pamphile,
Oh ! pour le moins vengeons-nous :
Prenons tous une sandale,
Et, sans crainte de scandale,
Allons battre la cymbale
Sur les fesses de ces loups. »

Chacun ayant pris son arme
Fut partout porter l'alarme ;
Mais au milieu du vacarme
Frère Étienne fit un p.. ;
Mais un p.. de telle taille,
Que jamais jour de bataille
Canon chargé de mitraille
Ne fit un pareil effet.

Ainsi finit la mêlée ;
Car la troupe épouvantée,
S'enfuyant sur la montée,
Pensa se rompre le cou ;
Tandis que le frère Étienne,
Riant à perte d'haleine
Et frappant sur sa bedaine,
Amorçait un second coup.

Les Moines.

Nous sommes des moines
De saint Bernardin,
Qui se couchent tard
Et se lèvent matin,
Pour aller à matines
Vider leur flacon.
 Et bon, bon, bon,
 Et v'là qu'est bon,
 Et bon, bon, bon!
Ah! voilà la vie,
La vie suivie,
Ah! voilà la vie que les moines font.

A notre déjeûner
Du bon chocolat
Et du bon café
Que l'on nomme moka,
La fine andouillette
La tranche de jambon.
 Et bon, bon, bon, etc.

A notre dîner,
Un bon chapon gras
Qui trempe la soupe
Comme au mardi gras,
Lapins de garenne
Sentant la venaison.
 Et bon, bon, bon, etc.

A notre goûter,
Des petits oiseaux
Que l'on nomme cailles,
Bécasses et perdreaux,
La tarte sucrée,
Les marrons de Lyon.
Et bon, bon, bon,

Et v'là qu'est bon,
Et bon, bon, bon!
Ah! voilà la vie,
La vie suivie,
Ah! voilà la vie que les moines font.

La Boulangère.

La boulangère a des écus
    Qui ne lui coûtent guère;
Elle en a, car je les ai vus;
    J'ai vu la boulangère
       Aux écus,
    J'ai vu la boulangère.

« D'où te viennent tous ces écus,
    Charmante boulangère?
— Ils me viennent d'un gros Crésus
    Dont je fais les affaires,
       Vois-tu!
    Dont je fais les affaires.

Pour me voir aussi sont venus
    De galants militaires;
Mais je préfère les Crésus
    A tous les gens de guerre,
       Vois-tu!
    A tous les gens de guerre.

Des petits-maîtres sont venus,
    En me disant : « Ma chère,
« Vous êtes plus bell' que Vénus; »
    Je n'les écoutais guère,
       Vois-tu!
    Je n'les écoutais guère.

— Et bien! épouse ma vertu,
    Travaill' de bonn' manière,

Et tu ne seras pas déçu
Avec la boulangère
Aux écus!
Avec la boulangère. »

GALLET.

La Meunière du moulin à vent.

En amour je suis très-savant
De plus d'un' manière,
Depuis qu'un jour qu'il f'sait du vent,
Par le hasard le plus charmant,
J'ai vu la meunière
Du moulin à vent.

Je me promenais très-souvent
Près de la rivière ;
L'moulin à eau dorénavant
Ne me plaira plus comme avant.
J'ai vu la meunière
Du moulin à vent.

Je lui dis : « Je suis bon vivant,
Aimez-moi, ma chère ;
Vous verrez qu'avec moi le vent
Soufflera toujours franchement
Pour la bell' meunière
Du moulin à vent. »

Mais c'est une tête à l'évent ;
M'laissant en arrière,
Ell' referma son contrevent
Et me laissa triste et rêvant
A la belle meunière
Du moulin à vent.

J'voulais, plein d'un zèle fervent,
Faisant ma prière,

M'aller jeter dans un couvent,
N'pouvant pas êtr' frère servant
　　D'la belle meunière
　　Du moulin à vent.

Alors, d'un moyen me servant,
　　J'allai chez l'notaire ;
Et sur le contrat écrivant,
J'dis : Mettez : Passé par-devant...
　　J'épous' la meunière
　　Du moulin à vent. »

GALLET.

La Gasconne.

　　Un jour dé cet automne,
　　Dé Bordeaux révénant,
　　Jé vis nymphé mignonne
　　Qui s'en allait chantant:
On rit, on jase, on raisonne,
　　On n'aimé qu'un moment.

　　Jé vis nymphé mignonne
　　Qui s'en allait chantant ;
　　C'était la jeune OEnone,
　　Fraîché comme un printemps.
On rit, on jase, on raisonne,
　　On n'aimé qu'un moment.

　　C'était la jeune OEnone,
　　Fraîché comme un printemps ;
　　Dans mon humeur gasconne,
　　J'étais entréprénant.
On rit, on jase, on raisonne,
　　On n'aimé qu'un moment.

　　Dans mon humeur gasconne,
　　J'étais entréprénant.

« Tiens, lé fils dé Latone,
Lui dis-je, est moins ardent. »
On rit, on jase, on raisonne ;
On n'aimé qu'un moment.

« Tiens, lé fils dé Latone,
Lui dis-je, est moins ardent ;
Et son flambeau, mignonne,
S'éteint dans l'Océan. »
On rit, on jase, on raisonne,
On n'aimé qu'un moment.

« Et son flambeau, mignonne,
S'éteint dans l'Océan.
Mon cœur qué jé té donne
Ira toujours brûlant. »
On rit, on jase, on raisonne,
On n'aimé qu'un moment.

Mon cœur qué jé té donne
Ira toujours brûlant.
« Ah ! me dit la friponne,
J'en doute à ton ascent ! »
On rit, on jase, on raisonne,
On n'aimé qu'un moment.
De Baussay.

Ah ! le bel Oiseau, Maman !

Ah ! le bel oiseau, maman,
Qu'Alain a mis dans ma cage !
Ah ! le bel oiseau, maman,
Que m'a donné mon amant !

En cachette, hier au soir,
Nous sortîmes du village :
« Suis-moi, si tu veux le voir,

Me dit-il, sous ce feuillage. »
Ah! le bel oiseau, maman, etc.

« Pressons-nous, mon cher Alain;
S'il s'échappait, quel dommage!
Mon cœur bat, mets-y la main. »
Le sien battait davantage.
Ah! le bel oiseau, maman, etc.

Il est à moi pour toujours;
Il chérit son esclavage;
C'est l'objet de mes amours;
J'en veux jouir sans partage.
Ah! le bel oiseau, maman,
Qu'Alain a mis dans ma cage!
Ah! le bel oiseau, maman,
Que m'a donné mon amant!

M. Dumollet partant pour Saint-Malo.

Bon voyage,
Cher Dumollet,
A Saint-Malo débarquez sans naufrage.
Bon voyage,
Cher Dumollet,
Et revenez si le pays vous plaît.

Si vous venez revoir la capitale,
Méfiez-vous des voleurs, des amis,
Des billets doux, des coups, de la cabale,
Des pistolets et des torticolis.

Bon voyage,
Cher Dumollet,
A Saint-Malo débarquez sans naufrage.
Bon voyage,
Cher Dumollet,
Et revenez si le pays vous plaît.

Amusez-vous, belle.

Rien n'était si joli qu'Adèle,
    Qui, grâce à Lucas,
    Arrivait à grands pas
A l'âge où l'amour dit tout bas :
      Amusez-vous,
      Belle aux yeux doux,
      Amusez-vous,
      Trémoussez-vous,
    Amusez-vous, belle ;
      Amusez-vous,
      Ne craignez rien,
    Trémoussez-vous bien.

Mais un jour que sur l'herb' nouvelle
    Adèl' chantait ça,
    Un gros loup la croqua...
Fillettes, d'après c'te l'çon-là,
      Méfiez-vous
      D'ce r'frain si doux :
      Amusez-vous,
      Trémoussez-vous,
    Amusez-vous, belle ;
      Amusez-vous,
      Ne craignez-rien,
    Trémoussez-vous bien.
              Désaugiers.

Histoire de mademoiselle Manon.

Qui veut savoir l'histoire entière
De Mamselle Manon la couturière
Et de Monsieur son cher zamant
Qui l'aimait zamicablement?

Ce jeune homme-ci, t'un beau Dimanche,
Qu'il buvait son d'mi s'tier à la Croix blanche,
 Fut accueilli par des farauds,
 Qui racolent zen magnèr' de crocs.

L'un d'eux ly dit : Voulez-vous boire
A la santé du roi couvert de gloire?
 — A sa santé? dit-il, zoui-dà ;
 Il mérite ben c't'honneur-là.

Il n'eut pas plustôt dit la chose,
Qu'un racoleur ly dit et ly propose,
 En lui disant en abrégé
 Qu'avec eux t-il est zengagé.

— Oh! c' n'est pas comm'ça qu'on z'engage,
Répond le jeun' garçon, faisant tapage :
 Y au guet! Y au guet! Y au guet!
 Le guet vient pour savoir le fait.

Pour afin d'éclaicir l'affaire,
Le guet les mèn' tretous chez l'commissaire
 Qui condamne l'jeune garçon
 D'aller faire un tour t'en prison.

Ah! voyez-t-un peu l'injustice
De ces messieurs les gens de la justice!
 Ils vous jugeont sans jugement,
 Sans savoir l'queul qu'est l'innocent.

Sachant cela, Manon s'habille,
S'en va tout droit cheux Monsieur d'Marville,
 Pour lui raconter z'en pleurant
 Le malheur de son accident.

Monsieux l'lieutenant de police,
Soit par raison d'État ou par malice
 Dit : Mam'sell', quoiqu'vous parlez bien,
 Vot' serviteur, vous n'aurez rien.

Là d'ssus, c'te pauvre chère amante
Pleure encor un p'tit brin, pour qu'ça le tente;
　　Mais voyant qu'ça n'opérait pas,
　　Pour la cour all' part de ce pas.

A Fontainebleau zelle arrive,
Quasi presque tout aussi morte que vive,
　　S'jette au cou de M. d'Villeroi,
　　Qu'alle prit d'abord pour le roi.

Monsieux, vot'sarvante.... — J'suis l'vôtre ;
C'n'est pas moi qu'est l'roi, dit-y, c'est un autre.
　　Mon enfant, t'nez, l'v'là tout là-bas....
　　Ah ! monsieux, je l'vois, n'bougez pas.

Sire, excusez si j'vous dérange ;
Mais c'est que je ne dors, ne bois ni ne mange,
　　Du depuis que l'amant que j'ai,
　　Sur vot' respect, est zengagé.

On zy a forcé sa signature,
De signer un papier plein d'écriture ;
　　Il ne serait point zeurôlé,
　　Si on ne l'avait pas violenté.

Le roi, qu'est la justice même,
Dit : Vous méritez qu'vote amant vous aime ;
　　Puis lui fit donner mill' zécus,
　　Et le congé par là-dessus.

— Ah ! dit-elle, roi trop propice,
S'il y avait queuqu' chose pour vot' sarvice,
　　Je pourrions nous employer, dà....
　　L'roi dit qu'il n'voulait rien pour ça.

De Paris regagnant la ville,
Elle retourna cheux Monsieur d'Marville :
　　M'faut mon amant, rendez-le moi ;
　　T'nez, lisez, v'là l'ordre du roi.

— Il est trop tard, mademoiselle.
— Quand il serait encor plus tard, ly dit-elle,
M'faut mon amant, je l'veut avoir,
Non pas demain, mais drés ce soir.

L'Magistrat, voyant ben que c't'ordre
Allait lui donner du fil à retordre,
Fit venir le jeune garçon,
Et puis le remit à Manon.

Vous jugez comme ils s'embrassirent,
Et puis ensuite comme ils s'épousirent,
Et l'on entend dire en tout lieu
Que c'est un p'tit ménage de Dieu.

Filles qui faites les fringantes,
Parmi vous trouve-t-on de tell's amantes?
Profitez de cette leçon;
Vous aurez le sort de Manon.
VADÉ.

Charmante Gabrielle.

Il n'est pas bien sûr que cette chanson soit de Henri IV, à qui l'on se plaît cependant à l'attribuer.

Charmante Gabrielle,
Percé de mille dards,
Quand la gloire m'appelle
A la suite de Mars,
Cruelle départie!
Malheureux jour!
Que ne suis-je sans vie
Ou sans amour!

L'amour, sans nulle peine,
M'a, par vos doux regards,
Comme un grand capitaine
Mis sous ses étendards.

Cruelle départie !
  Malheureux jour !
Que ne suis-je sans vie
  Ou sans amour !

Si votre nom célèbre
  Sur mes drapeaux brillait,
Jusqu'au delà de l'Èbre
  L'Espagne me craindrait.
Cruelle départie !
  Malheureux jour !
Que ne suis-je sans vie
  Ou sans amour !

Je n'ai pu, dans la guerre,
  Qu'un royaume gagner ;
Mais sur toute la terre
  Vos yeux doivent régner.
Cruelle départie !
  Malheureux jour !
Que ne suis-je sans vie
  Ou sans amour !

Partagez ma couronne,
  Le prix de ma valeur ;
Je la tiens de Bellone ;
  Tenez-la de mon cœur.
Cruelle départie !
  Malheureux jour !
C'est trop peu d'une vie
  Pour tant d'amour.

Bel astre que je quitte,
  Ah ! cruel souvenir !
Ma douleur s'en irrite :
  Vous revoir ou mourir.
Cruelle départie !
  Malheureux jour !
C'est trop peu d'une vie
  Pour tant d'amour.

Je veux que mes trompettes,
Mes fifres, les échos
A tous moments répètent
Ces doux et tristes mots :
Cruelle départie !
   Malheureux jour !
C'est trop peu d'une vie
   Pour tant d'amour.

Le Matelot de Bordeaux.

C'est dans la ville de Bordeaux
Qu'est arrivé trois beaux vaisseaux ;
Les matelots qui sont dedans,
Ma foi, ce sont de bons enfants.

Il y a un' dame dans Bordeaux
Qu'est éprise d'un matelot :
« Ma servante, allez-moi quéri
Le matelot le plus joli.

— Beau matelot, mon bel ami,
Madame vous envoi' quéri ;
Montez là-haut ; c'est au premier ;
Collation vous y ferez. »

La collation a duré
Trois jours, trois nuits, sans décesser ;
Mais au bout de trois jours passés
Le matelot s'est ennuyé.

Le matelot s'est ennuyé,
Par la fenêtre a regardé :
« Madam', donnez-moi mon congé ;
Il fait beau temps : j'veux m'en aller.

— Beau matelot, si tu t'en vas,
Bien mal de moi tu parleras.

Tiens, voilà cent écus comptés ;
Sera pour boire à ma santé. »

Le matelot en s'en allant,
Fit rencontre du président :
« Beau président, beau président,
J'ai tes écus ; je suis content.

— Beau matelot, mon bel ami,
Répète-moi ce que t'as dit.
— Monsieur, je dis qu'il fait beau temps
Pour aller sur la mer voguant. »

Le matelot, dans son vaisseau,
S'mit à chanter des airs nouveaux :
« Vivent les dames de Bordeaux
Qui aiment bien les matelots ! »

Le Refrain du Chasseur.

Mes amis, partons pour la chasse ;
Du cor j'entends le joyeux son :
    Tonton, tonton,
     Tontaine, tonton.
Jamais ce plaisir ne nous lasse,
Il est bon en toute saison.
    Tonton,
    Tontaine, tonton.

A sa manière chacun chasse,
 Et le jeune homme et le barbon.
    Tonton, tonton,
     Tontaine, tonton.
Mais le vieux chasse la bécasse,
 Et le jeune au gibier mignon.
    Tonton,
    Tontaine, tonton.

Pour suivre le chevreuil qui passe
Il parcourt les bois, le vallon.
  Tonton, tonton,
  Tontaine, tonton.
Et jamais, en suivant sa trace
Il ne trouve le chemin long.
  Tonton,
  Tontaine, tonton.

A l'affût le chasseur se place,
Guettant le lièvre ou l'oisillon.
  Tonton, tonton.
  Tontaine, tonton.
Mais si jeune fillette passe,
Il la prend ; pour lui tout est bon.
  Tonton,
  Tontaine, tonton.

Le vrai chasseur est plein d'audace ;
Il est gai, joyeux et luron.
  Tonton, tonton,
  Tontaine, tonton.
Mais, quelque fanfare qu'il fasse,
Le chasseur n'est pas fanfaron.
  Tonton,
  Tontaine, tonton.

Quand on a terminé la chasse,
Le chasseur se rend au grand rond.
  Tonton, tonton,
  Tontaine, tonton.
Et chacun boit à pleine tasse
Au grand saint Hubert, son patron.
  Tonton,
  Tontaine, tonton.
MARION DU MERSAN.

Le comte Orry.

Le comte Orry disait pour s'égayer
Qu'il voulait prendre le couvent de Farmoutier,
Pour plaire aux nonnes et pour se désennuyer.

Ce comte Orry, châtelain redouté,
Après la chasse n'aimait rien que la gaîté,
Que la bombance, les combats et la beauté.

— Holà ! mon page, venez me conseiller.
L'amour me berce, et je ne puis sommeiller.
Comment m'y prendre pour dans ce couvent entrer ?

— Sire, il faut prendre quatorze chevaliers,
Et tous en nonnes il faut les habiller,
Puis, à nuit close, à la porte aller heurter. »

Orry va prendre quatorze chevaliers ;
Et tous, en nonnes, Orry les fait habiller ;
Puis, à nuit close, à la porte ils vont heurter.

— Holà ! qui frappe ? qui mène un si grand bruit ?
— Ce sont des nonnes, et qui ne vont que la nuit,
Qui sont en crainte de ce maudit comte Orry. »

Survient l'abbesse, les yeux tout endormis...
— Soyez, mesdames, bienvenues en ce logis...
Mais comment faire ? où trouver quatorze lits ? »

Chaque nonnette, d'un cœur vraiment chrétien,
Aux étrangères offre la moitié du sien...
— Soit, dit l'abbesse, sœur Colette aura le mien. »

— Ah ! sœur Colette, qu'avez bien le cœur bon !...
Mais, sœur Colette, qu'avez bien rude menton !
— Parbleu ! madame, ainsi mes compagnons l'ont.

— Holà ! mes nonnes, venez me secourir !
Croix et bannière, l'eau bénite allez quérir ;
Nous sommes prises par ce maudit comte Orry.

La Tentation de saint Antoine.

Ciel ! l'univers va-t-il donc se dissoudre ?
Quel bruit ! quels cris ! quel horrible fracas !
    Devant moi je vois la foudre ;
    Elle tombe par éclats :
        Tout est en poudre
        Sur mon grabat.
    Grand Dieu ! du haut des cieux
        Vois ma disgrâce,
        Et par ta grâce
        Fais que je chasse
    L'enfer de ces lieux.

    C'était ainsi
Qu'Antoine exprimait ses alarmes,
    C'était ainsi
Qu'Antoine exprimait son souci,
Lorsque le diable, par ses charmes,
Venait chez lui faire vacarmes,
    C'était ainsi.

On vit sortir d'une grotte profonde
Mille démons, mille spectres divers ;
Des noirs esprits toute la troupe immonde,
Pour le tenter, déserta les enfers.

    On vit des démons
    De tous les cantons,
De la ville et de la campagne,
De la Cochinchine et d'Espagne ;
    On vit des diables blondins,
Des bruns, des gris et des châtains ;
Les bruns, surtout, méchants lutins,
Faisaient remuer des pantins.
      Turelure, lure,
        Et flon, flon, flon,
      Tous avaient leur ton,
        Leur allure.

Quelques-uns prirent le cochon
  De ce bon saint Antoine,
Et, lui mettant un capuchon,
  Ils en firent un moine;
Il n'en coûtait que la façon
    La faridondaine,
    La faridondon :
Peut-être en avait-il l'esprit
      Biribi,
A la façon de Barbari
        Mon ami.

  Ronflant comme un cochon,
    On voyait sur un trône
Un des envoyés de Pluton.
    Il portait pour couronne
    Un vieux réchaud sans fond,
    Et pour sceptre un tison.
    Sous ses pieds un démon,
    Vomissait du canon.
Le diable s'éveille, s'étonne,
      Et dit : « Garçon,

Courez vite, prenez le patron,
Et faites-le moi danser en rond !
Courez vite, prenez le patron,
  Tirez-le par son cordon;
        Bon ! »
« Messieurs les démons, laissez-moi donc.
      — Non, tu chanteras,
        Tu sauteras,
        Tu danseras.
— Messieurs les démons, laissez-moi donc.
      — Non, tu chanteras,
        Tu sauteras,
        Tu danseras.
Courez vite, prenez le patron,
  Tirez-le par son cordon;
        Bon !

Piqué dans ce bacchanal
D'avoir vu qu'on lui brisait sa cruche,
Et qu'un derrière infernal
Avait fait caca dans sa huche ;
Crainte aussi de tentation,
Notre saint prend un goupillon,
Et flanque aux démons étonnés
De l'eau bénite par le nez.

Tel qu'un voleur, sitôt qu'il voit main forte,
Tel qu'un soldat, à l'aspect des prévôts,
On vit s'enfuir l'infernale cohorte,
Et s'abîmer dans ses affreux cachots.
SEDAINE.

Héloïse et Abeilard.

Écoutez, sexe aimable,
Le récit lamentable
D'un fait très-véritable
Qu'on lit dans saint Bernard.
Le docteur Abeilard,
Maître dans plus d'un art,
Précepteur de fillette,
Soupirait en cachette
Pour la nièce discrète
Du chanoine Fulbert.

Sous le même couvert
Logeait le galant vert ;
Son latin avec zèle
Il montrait à la belle,
Et l'on dit qu'auprès d'elle,
Il ne le perdait pas.
Mais un beau jour, hélas !
Donnant leçon tout bas,
Fulbert, avec main forte,
Vint frapper à la porte,

Entouré d'une escorte
Nombreuse et sans pitié.

Abeilard, effrayé,
Et mourant à moitié,
Quand on vint le surprendre,
Lui faisait bien comprendre
Un passage assez tendre
Du savant art d'aimer.
Il voulut s'exprimer,
Mais, sans trop s'informer,
L'abbé, prenant le drôle,
Lui coupa la parole,
Et le maître d'école
Par force resta court.

Dans ce funeste jour
On vit pleurer l'Amour.
Sans jeter feu ni flamme,
Refroidi pour sa dame,
Abeilard, en bonne âme,
A Saint-Denis s'en fut.
De Satan à l'affût,
Il trompa mieux le but
Que défunt saint Antoine,
Car la main du chanoine
De l'ennemi du moine
L'avait mis à couvert.

Voyant tout découvert,
Loin de l'oncle Fulbert,
La dévote Héloïse
Qu'on avait compromise,
S'en fut droit à l'église
Du couvent d'Argenteuil.
On lui fit bon accueil;
Avec la larme à l'œil,
Chaque sœur se récrie
Sur la main en furie
Qui trancha pour la vie
Le fil de ses amours.

Craignant les sots discours,
La belle pour toujours
Quitta ce domicile.
Abeilard, plus tranquille,
Lui fit don d'un asile,
Non loin de son couvent.
Héloïse, en pleurant,
Le mit au monument.....
Elle eût mieux fait d'en rire,
Car avant qu'il expire,
Elle pouvait bien dire :
« Ici gît mon amant. »

La Marmotte en vie.

J'ai quitté la montagne
Où jadis je naquis,
Pour courir la campagne
Et venir à Paris.
Ah! voyez donc la marmotte,
 La marmotte en vie.
Donnez queuqu' chose à Javotte
 Pour sa marmotte en vie.
Ah! voulez-vous voir la marmotte,
 La marmotte en vie?
Ah! donnez queuqu' chose à Javotte
 Pour sa marmotte en vie.

De village en village
Je m'en allai tout droit,
Portant petit bagage,
Criant dans chaque endroit :
« Ah! voyez donc la marmotte,
 La marmotte en vie.
Donnez queuqu' chose à Javotte
 Pour sa marmotte en vie.
Ah! voulez-vous voir la marmotte,
 La marmotte en vie?

Ah! donnez queuqu' chose à Javotte
　　Pour sa marmotte en vie. »

Quand j'fus à la barrière,
Un commis m'arrêta,
M'disant : « Jeune étrangère,
Que portez-vous donc là?
— Ah! monsieur, c'est la marmotte,
　　La marmotte en vie.
Donnez queuqu' chose à Javotte
　　Pour sa marmotte en vie ;
Ah! voulez-vous voir la marmotte,
　　La marmotte en vie?
Ah! donnez queuqu' chose à Javotte
　　Pour sa marmotte en vie. »

— Passez, la jeune fille,
Avec ce petit bien ;
Quand on est si gentille,
Au roi l'on ne doit rien.
Allez crier la marmotte,
　　La marmotte en vie.
D'mandez queuqu' chose pour Javotte ⎫
　　Pour sa marmotte en vie. »　　⎬ (bis)
　　　　　　　　　　　　　　　　　⎭

Un beau monsieur me r'garde,
Puis s'arrête tout doux :
　— La belle Savoyarde,
　« Montre-moi tes bijoux ?
« Ah! voyons donc c'te marmotte,
　« C'te marmotte en vie ;
« J'donn'rai queuqu'chose à Javotte
　« Pour sa marmotte en vie ;
« Ah! montre-moi donc ta marmotte,
　« Ta marmotte en vie ;
« Oui, j' donn'rai queuqu' chose à Javotte
　« Pour sa marmotte en vie. »

Moi, sans plus de mystère,
Soudain le satisfis.
Il ouvr' son aumônière,
Puis, comptant des louis :

— Ah ! prête-moi ta marmotte,
 « Ta marmotte en vie ;
« J'donn'rai tout c't'or à Javotte
 « Pour sa marmotte en vie ;
« Ah ! prête-moi donc ta marmotte,
 « Ta marmotte en vie ;
« Oui, j'donn'rai tout c't'or à Javotte
 « Pour sa marmotte en vie. »

Que faire, pauvre fille,
En voyant tant d'argent?...
D'aise mon cœur pétille,
J'accepte le présent....
— Prenez, prenez, la marmotte,
 La marmotte en vie....
Donnez, donnez à Javotte
 Pour sa marmotte en vie ;
Ah ! caressez donc la marmotte,
 La marmotte en vie ;
Ah ! donnez, donnez à Javotte
 Pour sa marmotte en vie.

Mais ce bien qu'on regrette,
Il me l' prit pour son or ;
N'ai plus que la coffrette
Où gardais ce trésor.
Ah ! j'ai perdu la marmotte,
 La marmotte en vie ;
C'en est fait, pauvre Javotte,
 D'ta marmotte en vie ;
Ah ! oui, j'ai perdu la marmotte,
 La marmotte en vie ;
Ah ! c'en est fait, pauvre Javotte,
 D'ta marmotte en vie.

Malbrough.

Cette chanson ne s'est répandue que vers 1780, deux ans après la mort du duc de Marlborough. On assure que la nourrice du Dauphin, depuis Louis XVI, la chanta pour la première fois en France, où elle se propagea rapidement.

  Malbrough s'en va-t-en guerre,
Mironton, mironton, mirontaine;
  Malbrough s'en va-t-en guerre,
   Ne sais quand reviendra. (*ter*)

  Il reviendra z'à Pâques,
Mironton, mironton, mirontaine;
  Il reviendra z'à Pâques
   Ou à la Trinité. (*ter*)

  La Trinité se passe,
Mironton, mironton, mirontaine;
  La Trinité se passe,
   Malbrough ne revient pas. (*ter*)

  Madame à sa tour monte,
Mironton, mironton, mirontaine;
  Madame à sa tour monte,
   Si haut qu'ell' peut monter. (*ter*)

  Elle aperçoit son page,
Mironton, mironton, mirontaine;
  Elle aperçoit son page,
   Tout de noir habillé. (*ter*)

  Beau page! ah! mon beau page,
Mironton, mironton, mirontaine;
  Beau page, ah! mon beau page,
   Quell' nouvelle apportez? (*ter*)

  Aux nouvell's que j'apporte,
Mironton, mironton, mirontaine;
  Aux nouvell's que j'apporte,
   Vos beaux yeux vont pleurer. (*ter*)

Quittez vos habits roses,
Mironton, mironton, mirontaine;
Quittez vos habits roses
Et vos satins brochés. (ter)

Monsieur d'Malbrough est mort,
Mironton, mironton, mirontaine;
Monsieur d'Malbrough est mort,
Est mort et enterré!... (ter)

J' l'ai vu porter en terre,
Mironton, mironton, mirontaine;
J' l'ai vu porter en terre,
Par quatre z'officiers. (ter)

L'un portait sa cuirasse,
Mironton, mironton, mirontaine;
L'un portait sa cuirasse,
L'autre son bouclier. (ter)

L'un portait son grand sabre,
Mironton, mironton, mirontaine;
L'un portait son grand sabre,
L'autre ne portait rien. (ter)

A l'entour de sa tombe,
Mironton, mironton, mirontaine;
A l'entour de sa tombe,
Romarin l'on planta. (ter)

Sur la plus haute branche,
Mironton, mironton, mirontaine;
Sur la plus haute branche,
Le rossignol chanta. (ter)

On vit voler son âme,
Mironton, mironton, mirontaine;
On vit voler son âme,
Au travers des lauriers. (ter)

Chacun mit ventre à terre,
Mironton, mironton, mirontaine ;
Chacun mit ventre à terre,
Et puis se releva. *(ter)*

Pour chanter les victoires,
Mironton, mironton, mirontaine ;
Pour chanter les victoires
Que Malbrough remporta. *(ter)*

La cérémonie faite,
Mironton, mironton, mirontaine ;
La cérémonie faite,
Chacun s'en fut coucher. *ter)*

Les uns avec leurs femmes,
Mironton, mironton, mirontaine,
Les uns avec leurs femmes,
Et les autres tous seuls. *(ter)*

Ce n'est pas qu'il en manque,
Mironton, mironton, mirontaine ;
Ce n'est pas qu'il en manque,
Car j'en connais beaucoup. *(ter)*

Des blondes et des brunes,
Mironton, mironton, mirontaine ;
Des blondes et des brunes,
Et des chatain's aussi. *(ter)*

J'n'en dis pas davantage,
Mironton, mironton, mirontaine ;
J'n'en dis pas davantage,
Car en voilà z'assez. *(ter)*

Cadet Rousselle.

Cet air populaire date de la Révolution. On prétend que le nom de Cadet Rousselle a été substitué à celui de Jean de Nivelle, héros d'une autre chanson que nous donnons plus loin.

Cadet Rousselle a trois maisons (*bis*)
Qui n'ont ni poutres ni chevrons. (*bis*)
C'est pour loger les hirondelles;
Que direz-vous d'Cadet Rousselle?
 Ah! ah! ah! mais vraiment,
Cadet Rousselle est bon enfant.

Cadet Rousselle a trois habits : (*bis*)
Deux jaunes, l'autre en papier gris; (*bis*)
Il met celui-ci quand il gèle,
Ou quand il pleut, ou quand il grêle.
 Ah! ah! ah! mais vraiment,
Cadet Rousselle est bon enfant.

Cadet Rousselle a trois chapeaux : (*bis*)
Les deux ronds ne sont pas très-beaux, (*bis*)
Et le troisième est à deux cornes;
De sa tête il a pris la forme.
 Ah! ah! ah! mais vraiment,
Cadet Rousselle est bon enfant.

Cadet Rousselle a trois beaux yeux; (*bis*)
L'un r'garde à Caen, l'autre à Bayeux; (*bis*)
Comme il n'a pas la vu' bien nette,
Le troisième, c'est sa lorgnette.
 Ah! ah! ah! mais vraiment,
Cadet Rousselle est bon enfant.

Cadet Rousselle a une épée, (*bis*)
Très-longue, mais toute rouillée; (*bis*)
On dit qu'ell' ne cherche querelle
Qu'aux moineaux et aux hirondelles.
 Ah! ah! ah! mais vraiment,
Cadet Rousselle est bon enfant.

Cadet Rousselle a trois souliers :   (*bis*)
Il en met deux à ses deux pieds ;   (*bis*)
Le troisièm' n'a pas de semelle ;
Il s'en sert pour chausser sa belle.
   Ah ! ah ! ah ! mais vraiment,
Cadet Rousselle est bon enfant.

Cadet Rousselle a trois cheveux :   (*bis*)
Deux pour les fac's, un pour la queue ;   (*bis*)
Et, quand il va voir sa maîtresse,
Il les met tous les trois en tresse.
   Ah ! ah ! ah ! mais vraiment,
Cadet Rousselle est bon enfant.

Cadet Rousselle a trois garçons :   (*bis*)
L'un est voleur, l'autre est fripon ;   (*bis*)
Le troisième est un peu ficelle ;
Il ressemble à Cadet Rousselle.
   Ah ! ah ! ah ! mais vraiment,
Cadet Rousselle est bon enfant.

Cadet Rousselle a trois gros chiens :   (*bis*)
L'un court au lièvr', l'autre au lapin,   (*bis*)
L'troisièm' s'enfuit quand on l'appelle,
Comm' le chien de Jean de Nivelle.
   Ah ! ah ! ah ! mais vraiment,
Cadet Rousselle est bon enfant.

Cadet Rousselle a trois beaux chats,   (*bis*)
Qui n'attrapent jamais les rats ;   (*bis*)
Le troisièm' n'a pas de prunelle ;
Il monte au grenier sans chandelle.
   Ah ! ah ! ah ! mais vraiment,
Cadet Rousselle est bon enfant.

Cadet Rousselle a marié   (*bis*)
Ses trois filles dans trois quartiers ;   (*bis*)
Les deux premièr's ne sont pas belles ;
La troisièm' n'a pas de cervelle ;
   Ah ! ah ! ah ! mais vraiment,
Cadet Rousselle est bon enfant.

Cadet Rousselle a trois deniers ; (bis)
C'est pour payer ses créanciers ; (bis)
Quand il a montré ses ressources,
Il les resserre dans sa bourse.
    Ah ! ah ! ah ! mais vraiment,
Cadet Rousselle est bon enfant.

Cadet Roussell' s'est fait acteur, (bis)
Comme Chénier s'est fait auteur (bis)
Au café quand il jou' son rôle,
Les aveugles le trouvent drôle.
    Ah ! ah ! ah ! mais vraiment,
Cadet Rousselle est bon enfant.

Cadet Roussell' ne mourra pas, (bis)
Car, avant de sauter le pas, (bis)
On dit qu'il apprend l'orthographe
Pour fair' lui-mêm' son épitaphe.
    Ah ! ah ! ah ! mais vraiment,
Cadet Rousselle est bon enfant.

Le roi Dagobert.

Il est probable que cette chanson, dont on retrouve des vestiges dans de très-vieux auteurs français, a été continuée et augmentée à vingt reprises différentes et à diverses époques. En voici la version la plus complète.

Le bon roi Dagobert
Avait sa culotte à l'envers ;
  Le grand saint Éloi
  Lui dit : « O mon roi !
  Votre Majesté
  Est mal culottée.
— C'est vrai, lui dit le roi,
Je vais la remettre à l'endroit. »

Comme il la remettait,
Un peu trop il se découvrait ;

Le grand saint Éloi
　　　Lui dit : « O mon roi !
　　　Vous avez la peau
　　　Plus noir' qu'un corbeau.
　—Bah! bah! lui dit le roi,
La rein' l'a plus noire que moi.

　　Le bon roi Dagobert
S'habillait d'un bel habit vert ;
　　　Le grand saint Éloi
　　　Lui dit : « O mon roi !
　　　Votre habit paré
　　　Au coude est percé.
　— C'est vrai, lui dit le roi,
Le tien est bon, prête-le moi. »

　　Du bon roi Dagobert
Les bas étaient rongés des vers ;
　　　Le grand saint Éloi
　　　Lui dit : « O mon roi !
　　　Vos deux bas cadets
　　　Font voir vos mollets.
　— C'est vrai, lui dit le roi,
Les tiens sont bons, donne-les moi. »

　　Le bon roi Dagobert
Faisait peu sa barbe en hiver ;
　　　Le grand saint Éloi
　　　Lui dit : « O mon roi !
　　　Il faut du savon
　　　Pour votre menton.
　— C'est vrai, lui dit le roi,
As-tu deux sous ? prête-les moi.

　　Du bon roi Dagobert
La perruque était de travers ;
　　　Le grand saint Éloi
　　　Lui dit : « O mon roi !
　　　Votre perruquier
　　　Vous a mal coiffé.

—C'est vrai, lui dit le roi,
Je prends ta tignasse pour moi. »

Le bon roi Dagobert
Portait manteau court en hiver ;
 Le grand saint Éloi
 Lui dit : « O mon roi !
 Votre Majesté
 Est bien écourtée.
 — C'est vrai, lui dit le roi,
Fais-le rallonger de deux doigts. »

Du bon roi Dagobert
Le chapeau le coiffait en cerf ;
 Le grand saint Éloi
 Lui dit : « O mon roi !
 La corne au milieu
 Vous siérait bien mieux.
 — C'est vrai, lui dit le roi,
J'avais pris modèle sur toi. »

Le roi faisait des vers,
Mais il les faisait de travers ;
 Le grand saint Éloi
 Lui dit : « O mon roi !
 Laissez aux oisons
 Faire des chansons.
 — C'est vrai, lui dit le roi,
C'est toi qui les feras pour moi. »

Le bon roi Dagobert
Chassait dans la plaine d'Anvers ;
 Le grand saint Éloi
 Lui dit : « O mon roi !
 Votre Majesté
 Est bien essoufflée.
 — C'est vrai, lui dit le roi,
Un lapin courait après moi. »

Le bon roi Dagobert
Allait à la chasse au pivert ;

Le grand saint Éloi
Lui dit : « O mon roi !
La chasse aux coucous
Vaudrait mieux pour vous.
— Eh bien, lui dit le roi,
Je vais tirer ; prends garde à toi. »

Le bon roi Dagobert
Avait un grand sabre de fer ;
Le grand saint Éloi
Lui dit : « O mon roi !
Votre Majesté
Pourrait se blesser.
— C'est vrai, lui dit le roi,
Qu'on me donne un sabre de bois. »

Les chiens de Dagobert
Étaient de gale tout couverts ;
Le grand saint Éloi
Lui dit : « O mon roi !
Pour les nettoyer
Il faut les noyer.
— Eh bien, lui dit le roi,
Va-t'en les noyer avec toi. »

Le bon roi Dagobert
Se battait à tort, à travers ;
Le grand saint Éloi
Lui dit : « O mon roi !
Votre Majesté
Se fera tuer.
— C'est vrai, lui dit le roi,
Mets-toi bien vite devant moi. »

Le bon roi Dagobert
Voulait conquérir l'univers ;
Le grand saint Éloi
Lui dit : « O mon roi !
Voyager si loin
Donne du tintouin.

— C'est vrai, lui dit le roi,
Il vaudrait mieux rester chez soi. »

Le roi faisait la guerre,
Mais il la faisait en hiver ;
 Le grand saint Éloi
 Lui dit : « O mon roi !
 Votre Majesté
 Se fera geler.
— C'est vrai, lui dit le roi,
Je m'en vais retourner chez moi. »

Le bon roi Dagobert
Voulait s'embarquer sur la mer ;
 Le grand saint Éloi
 Lui dit : « O mon roi !
 Votre Majesté
 Se fera noyer.
— C'est vrai, lui dit le roi,
On pourra crier : Le roi boit ! »

Le bon roi Dagobert
Avait un vieux fauteuil de fer ;
 Le grand saint Éloi
 Lui dit : « O mon roi !
 Votre vieux fauteuil
 M'a donné dans l'œil.
— Eh bien, lui dit le roi,
Fais-le vite emporter chez toi. »

Le bon roi Dagobert
Mangeait en glouton du dessert ;
 Le grand saint Éloi
 Lui dit : « O mon roi !
 Vous êtes gourmand ;
 Ne mangez pas tant.
— Bah ! bah ! lui dit le roi,
Je ne le suis pas tant que toi. »

Le bon roi Dagobert
Ayant bu, allait de travers ;

Le grand saint Éloi
Lui dit : « O mon roi !
Votre Majesté
Va tout de côté.
— Eh bien, lui dit le roi,
Quand t'es gris, marches-tu plus droit ? »

Quand Dagobert mourut,
Le diable aussitôt accourut ;
Le grand saint Éloi
Lui dit : « O mon roi !
Satan va passer ;
Faut vous confesser.
— Hélas ! dit le bon roi,
Ne pourrais-tu mourir pour moi ! »

La Palisse.

Cette suite interminable de quatrains burlesques date de 1706 et s'applique à un certain La Galice, sur lequel on n'a pas de renseignements. Depuis, ce nom se changea en celui de La Palisse, le maréchal de France de ce nom ayant attiré l'attention publique à l'époque de la vogue de cette chanson, — sans avoir probablement mérité la réputation d'extrême naïveté qu'on veut lui faire.

Messieurs, vous plaît-il d'ouïr
L'air du fameux La Palisse ?
Il pourra vous réjouir,
Pourvu qu'il vous divertisse.

La Palisse eut peu de bien
Pour soutenir sa naissance ;
Mais il ne manqua de rien,
Dès qu'il fut dans l'abondance

Bien instruit dès le berceau,
Jamais, tant il fut honnête,
Il ne mettait son chapeau,
Qu'il ne se couvrît la tête.

Il était affable et doux,
De l'humeur de feu son père,
Et n'entrait guère en courroux
Si ce n'est dans la colère.

Il buvait tous les matins
Un doigt tiré de la tonne,
Et, mangeant chez ses voisins,
Il s'y trouvait en personne.

Il voulait dans ses repas
Des mets exquis et fort tendres,
Et faisait son mardi gras
Toujours la veille des Cendres.

Ses valets étaient soigneux
De le servir d'andouillettes,
Et n'oubliaient pas les œufs,
Surtout dans les omelettes.

De l'inventeur du raisin
Il révérait la mémoire;
Et pour bien goûter le vin,
Jugeait qu'il en fallait boire.

Il disait que le nouveau
Avait pour lui plus d'amorce;
Et moins il y mettait d'eau,
Plus il y trouvait de force.

Il consultait rarement
Hippocrate et sa doctrine,
Et se purgeait seulement
Lorsqu'il prenait médecine.

Il aimait à prendre l'air
Quand la saison était bonne,
Et n'attendait pas l'hiver
Pour vendanger en automne.

Il épousa, ce dit-on,
Une vertueuse dame;
S'il avait vécu garçon,
Il n'aurait pas eu de femme.

Il en fut toujours chéri;
Elle n'était point jalouse;
Sitôt qu'il fut son mari,
Elle devint son épouse.

D'un air galant et badin,
Il courtisait sa Caliste,
Sans jamais être chagrin
Qu'au moment qu'il était triste.

Il passa près de huit ans
Avec elle fort à l'aise;
Il eut jusqu'à huit enfants;
C'était la moitié de seize.

On dit que dans ses amours
Il fut caressé des belles,
Qui le suivirent toujours
Tant qu'il marcha devant elles.

Il brillait comme un soleil;
Sa chevelure était blonde;
Il n'eût pas eu son pareil,
S'il eût été seul au monde.

Il eut des talents divers;
Même on assure une chose :
Quand il écrivait en vers,
Il n'écrivait pas en prose.

En matière de rébus,
Il n'avait pas son semblable;
S'il eût fait des impromptus,
Il en eût été capable.

Il savait un triolet
Bien mieux que sa patenôtre ;
Quand il chantait un couplet,
Il n'en chantait pas un autre.

Il expliqua doctement
La physique et la morale ;
Il soutint qu'une jument
Est toujours une cavale.

Par un discours sérieux,
Il prouva que la berlue
Et les autres maux des yeux
Sont contraires à la vue.

Chacun alors applaudit,
A sa science inouïe
Tout homme qui l'entendit
N'avait pas perdu l'ouïe.

Il prétendit en un mois
Lire toute l'Écriture,
Et l'aurait lue une fois
S'il en eût fait la lecture.

Par son esprit et son air,
Il s'acquit le don de plaire ;
Le roi l'eût fait duc et pair,
S'il avait voulu le faire.

Mieux que tout autre il savait
A la cour jouer son rôle ;
Et jamais, lorsqu'il buvait,
Ne disait une parole.

Lorsqu'en sa maison des champs
Il vivait libre et tranquille,
On aurait perdu son temps
A le chercher à la ville.

Un jour il fut assigné
Devant son juge ordinaire ;
S'il eût été condamné,
Il eût perdu son affaire.

Il voyageait volontiers,
Courant par tout le royaume ;
Quand il était à Poitiers,
Il n'était pas à Vendôme.

Il se plaisait en bateau ;
Et, soit en paix, soit en guerre,
Il allait toujours par eau,
Quand il n'allait pas par terre.

Un beau jour, s'étant fourré
Dans un profond marécage,
Il y serait demeuré,
S'il n'eût pas trouvé passage.

Il fuyait assez l'excès ;
Mais dans les cas d'importance,
Quand il se mettait en frais,
Il se mettait en dépense.

Dans un superbe tournoi,
Prêt à fournir sa carrière,
Il parut devant le roi ;
Il n'était donc pas derrière.

Monté sur un cheval noir,
Les dames le reconnurent ;
Et c'est là qu'il se fit voir
A tous ceux qui l'aperçurent.

Mais bien qu'il fût vigoureux,
Bien qu'il fît le diable à quatre,
Il ne renversa que ceux
Qu'il eut l'adresse d'abattre.

Au piquet, par tous pays,
Il jouait suivant sa pente,
Et comptait quatre-vingt-dix
Lorsqu'il faisait un nonante.

Il savait les autres jeux
Qu'on joue à l'académie,
Et n'était pas malheureux
Tant qu'il gagnait la partie.

On s'étonne sans raison
D'une chose très-commune :
C'est qu'il vendit sa maison ;
Il fallait qu'il en eût une.

Il choisissait prudemment
De deux choses la meilleure,
Et répétait fréquemment
Ce qu'il disait à toute heure.

Il fut, à la vérité,
Un danseur assez vulgaire ;
Mais il n'eût pas mal chanté,
S'il n'avait voulu se taire.

Il eut la goutte à Paris,
Longtemps cloué sur sa couche ;
En y jetant les hauts cris,
Il ouvrait fort bien la bouche.

On raconte que jamais
Il ne pouvait se résoudre
A charger ses pistolets,
Quand il n'avait pas de poudre.

On ne le vit jamais las,
Ni sujet à la paresse ;
Tandis qu'il ne dormait pas,
On tient qu'il veillait sans cesse.

C'était un homme de cœur,
Insatiable de gloire;
Lorsqu'il était le vainqueur,
Il remportait la victoire.

Les places qu'il attaquait
A peine osaient se défendre;
Et jamais il ne manquait
Celles qu'on lui voyait prendre.

Un devin, pour deux testons,
Lui dit, d'une voix hardie,
Qu'il mourrait de là les monts,
S'il mourait en Lombardie.

Il y mourut, ce héros,
Personne aujourd'hui n'en doute;
Sitôt qu'il eut les yeux clos,
Aussitôt il ne vit goutte.

Il fut, par un triste sort,
Blessé d'une main cruelle.
On croit, puisqu'il en est mort,
Que la plaie était mortelle.

Regretté de ses soldats,
Il mourut digne d'envie;
Et le jour de son trépas
Fut le dernier de sa vie.

Il mourut le vendredi,
Le dernier jour de son âge;
S'il fût mort le samedi,
Il eût vécu davantage.

J'ai lu dans les vieux écrits
Qui contiennent son histoire,
Qu'il irait en paradis,
S'il n'était en purgatoire.

La mère Michel.

C'est la mère Michel qui a perdu son chat,
Qui cri' par la fenêtr', qui est-c' qui lui rendra;
Et l'compèr' Lustucru qui lui a répondu :
« Allez, la mèr' Michel, vot' chat n'est pas perdu. »

C'est la mère Michel qui lui a demandé :
« Mon chat n'est pas perdu! vous l'avez donc trouvé? »
Et l' compèr' Lustucru qui lui a répondu :
« Donnez un' récompense, il vous sera rendu. »

Et la mère Michel lui dit : « C'est décidé;
Si vous rendez mon chat, vous aurez un baiser. »
Le compèr' Lustucru, qui n'en a pas voulu,
Lui dit : « Pour un lapin votre chat est vendu. »

Au clair de la lune.

Si l'on en croit une charmante nouvelle de M. de Vaulabelle, les paroles de cette vieille chanson seraient d'un pâtissier nommé Crépon, et la musique de Lulli, alors marmiton dans les cuisines de la grande Mademoiselle. *Au clair de la lune* daterait donc de Louis XIV.

Au clair de la lune,
Mon ami Pierrot,
Prête-moi ta plume
Pour écrire un mot.
Ma chandelle est morte,
Je n'ai plus de feu;
Ouvre-moi ta porte,
Pour l'amour de Dieu.

Au clair de la lune,
Pierrot répondit :
Je n'ai pas de plume;
Je suis dans mon lit.

Va chez la voisine ;
Je crois qu'elle y est,
Car dans sa cuisine
On bat le briquet.

Au clair de la lune,
L'aimable Lubin
Frappe chez la brune ;
Ell' répond soudain :
Qui frapp' de la sorte ?
Il dit à son tour :
Ouvrez votre porte,
Pour le Dieu d'amour.

Au clair de la lune,
On n'y voit qu'un peu.
On chercha la plume,
On chercha du feu.
En cherchant d'la sorte
Je n' sais c' qu'on trouva,
Mais j' sais que la porte
Sur eux se ferma.

Les Bossus.

Cette très-vieille chanson a été pour la première fois recueillie et complétée par les soins de M. Dumersan.

Depuis longtemps je me suis aperçu
De l'agrément qu'on a d'être bossu.
Polichinelle en tous lieux si connu,
Toujours chéri, partout si bien venu,
Fait le gros dos parce qu'il est bossu.

Loin qu'une bosse ait rien d'un embarras,
De ce paquet on fait un fort grand cas ;
Quand un bossu l'est derrière et devant,
Son estomac est à l'abri du vent,
Et ses épaules sont plus chaudement.

On trouve ici des gens assez mal nés
Pour s'aviser d'aller leur rire au nez :
Ils l'ont toujours aussi long que le bec
De cet oiseau que l'on trouve à Québec,
Et leur babil inspire du respect.

Tous les bossus ont ordinairement
Le ton comique et beaucoup d'agrément.
Quand un bossu se montre de côté,
Il règne en lui certaine majesté,
Qu'on ne peut voir sans en être enchanté.

Si j'avais eu le bonheur de Crésus,
J'aurais rempli mon palais de bossus.
On aurait vu près de moi, nuit et jour,
Tous les bossus s'empresser tour à tour,
De montrer leur éminence à ma cour.

Dans mes jardins, sur un beau piédestal,
J'aurais fait mettre un Ésope en métal,
Et, par mon ordre, un de mes substituts
Aurait gravé près de ses attributs :
Vive la bosse et vivent les bossus !

Concluons donc, pour aller jusqu'au bout,
Qu'avec la bosse on peut passer partout.
Qu'un homme soit ou fantasque ou bourru,
Qu'il soit chassieux, malpropre et mal vêtu,
On le distingue alors qu'il est bossu.

J'ai du bon tabac dans ma tabatière.

J'ai du bon tabac dans ma tabatière,
  J'ai du bon tabac ; tu n'en auras
      pas.
  J'en ai du fin et du râpé ;
  Ce n'est pas pour ton fichu nez.
J'ai du bon tabac dans ma tabatière.

J'ai du bon tabac ; tu n'en auras
pas.

Ce refrain connu que chantait mon père,
A ce seul couplet il était borné.
　　Moi, je me suis déterminé
　　　A le grossir, comme mon nez.
J'ai du bon tabac dans ma tabatière,
　J'ai du bon tabac ; tu n'en auras
　　　　pas.

Un noble héritier de gentilhommière
Recueille tout seul un fief blasonné ;
　　Il dit à son frère puîné :
　　　Sois abbé, je suis ton aîné.
J'ai du bon tabac dans ma tabatière,
　J'ai du bon tabac ; tu n'en auras
　　　　pas.

Un vieil usurier, expert en affaire,
Auquel par besoin on est amené,
　　A l'emprunteur infortuné,
　　　Dit, après l'avoir ruiné :
J'ai du bon tabac dans ma tabatière,
　J'ai du bon tabac ; tu n'en auras
　　　　pas.

Juges, avocats, entr'ouvrant leur serre,
Au pauvre plaideur par eux rançonné,
　　Après avoir pateliné,
　　　Disent, le procès terminé :
J'ai du bon tabac dans ma tabatière,
　J'ai du bon tabac ; tu n'en auras
　　　　pas.

D'un gros financier, la coquette flaire
Le beau bijou d'or de diamants orné.
　　Ce grigou, d'un air renfrogné,
　　　Lui dit : Malgré ton joli nez....
J'ai du bon tabac dans ma tabatière,

J'ai du bon tabac ; tu n'en auras
pas.

Tel qui veut nier l'esprit de Voltaire,
Est pour le sentir trop enchiffené ;
Cet esprit est trop raffiné,
Et lui passe devant le nez.
Voltaire a l'esprit dans sa tabatière,
Et du bon tabac ; tu n'en auras
pas.

Voilà huit couplets ; cela ne fait guère
Pour un tel sujet bien assaisonné ;
Mais j'ai peur qu'un priseur mal né
Ne chante, en me riant au nez :
J'ai du bon tabac dans ma tabatière,
J'ai du bon tabac ; tu n'en auras
pas.

L'ATTAIGNANT.

La Pipe de tabac.

Contre les chagrins de la vie,
On crie *et ab hoc, et ab hac;*
Moi, je me crois digne d'envie
Quand j'ai ma pipe et mon tabac. (*bis*)
Aujourd'hui, changeant de folie,
Et de boussole et d'almanach,
Je préfère fille jolie
Même à la pipe de tabac. (*bis*)

Le soldat bâille sous la tente,
Le matelot sur le tillac ;
Bientôt ils ont l'âme contente
Avec la pipe de tabac. (*bis*)
Si pourtant survient une belle,
A l'instant le cœur fait tic-tac,

Et l'amant oublie auprès d'elle
Jusqu'à la pipe de tabac. (*bis*)

Je tiens un maxime utile
De ce fameux monsieur de Crac :
En campagne comme à la ville,
Fêtons l'amour et le tabac. (*bis*)
Quand ce grand homme allait en guerre,
Il portait dans son petit sac
Le doux portrait de sa bergère
Avec la pipe de tabac. (*bis*)

PIGAULT-LEBRUN.

Compère Guilleri.

Il était un p'tit homme
Qui s'app'lait Guilleri,
    Carabi;
Il s'en fut à la chasse,
A la chasse aux perdrix,
    Carabi,
  Toto Carabo,
    Marchand d' carabas,
Compère Guilleri,
Te lairas-tu (*ter*) mouri?

Il s'en fut à la chasse,
A la chasse aux perdrix,
    Carabi;
Il monta sur un arbre
Pour voir ses chiens couri,
    Carabi,
  Toto Carabo,
    Marchand d' carabas,
Compère Guilleri,
Te lairas-tu (*ter*) mouri?

Il monta sur un arbre
Pour voir ses chiens couri,

Carabi ;
La branche vint à rompre,
Et Guilleri tombi,
    Carabi,
   Toto carabo,
    Marchand d' carabas,
Compère Guilleri,
Te lairas-tu (*ter*) mouri?

La branche vint à rompre
Et Guilleri tombi,
    Carabi;
Il se cassa la jambe,
Et le bras se démit,
    Carabi,
   Toto carabo,
    Marchand d' carabas,
Compère Guilleri,
Te lairas-tu (*ter*) mouri?

Il se cassa la jambe,
Et le bras se démit,
    Carabi;
Les dam's de *l'Hôpital*
Sont arrivées au bruit,
    Carabi,
   Toto carabo,
    Marchand d' carabas,
Compère Guilleri,
Te lairas-tu (*ter*) mouri?

Les dam's de *l'Hôpital*,
Sont arrivées au bruit
    Carabi;
L'une apporte un emplâtre,
L'autre, de la charpi',
    Carabi,
   Toto carabo,
    Marchand d' carabas,
Compère Guilleri,
Te lairas-tu (*ter*) mouri?

L'une apporte un emplâtre,
L'autre de la charpi',
    Carabi ;
On lui banda la jambe,
Et le bras lui remit,
    Carabi,
     Toto carabo,
      Marchand d' carabas,
Compère Guilleri,
Te lairas-tu (*ter*) mouri ?

On lui banda la jambe,
Et le bras lui remit,
    Carabi ;
Pour remercier ces dames,
Guill'ri les embrassit,
    Carabi,
     Toto carabo,
      Marchand d' carabas,
Compère Guilleri,
Te lairas-tu (*ter*) mouri ?

Pour remercier ces dames,
Guilleri les embrassit,
    Carabi ;
Çà prouv' que par les femmes
L'homme est toujours guéri,
    Carabi,
     Toto carabo,
      Marchand d' carabas,
Compère Guilleri,
Te lairas-tu (*ter*) mouri ?

Nous étions trois filles.

Nous étions trois filles,
Bonnes à marier ;

Nous nous en allâmes
Dans un pré danser.
Dans le pré, mes compagnes,
Qu'il fait bon danser !

Nous nous en allâmes
Dans un pré danser.
Nous fîmes rencontre
D'un joli berger.
Dans le pré, etc.

Nous fîmes rencontre
D'un joli berger.
Il prit la plus jeune,
Voulut l'embrasser.
Dans le pré, etc.

Il prit la plus jeune
Voulut l'embrasser.
Nous nous mîmes toutes
A l'en empêcher.
Dans le pré, etc.

Nous nous mîmes toutes
A l'en empêcher.
Le berger timide
La laissa aller.
Dans le pré, etc.

Le berger timide
La laissa aller.
Nous nous écriâmes :
Ah ! le sot berger !
Dans le pré, etc.

Nous nous écriâmes :
Ah ! le sot berger !
Quand on tient l'anguille
Il faut la manger.
Dans le pré, etc.

Quand on tient l'anguille,
Il faut la manger ;
Quand on tient les filles,
Faut les embrasser.
Dans le pré, mes compagnes,
Qu'il fait bon danser !

L'Orage.

Il pleut, il pleut, bergère :
Presse tes blancs moutons ;
Allons dans ma chaumière ;
Bergère, vite, allons.
J'entends sur le feuillage
L'eau qui tombe à grand bruit ;
Voici, voici l'orage ;
Voilà l'éclair qui luit.

Entends-tu le tonnerre?
Il roule en approchant ;
Prends un abri, bergère,
A ma droite, en marchant.
Je vois notre cabane...
Et, tiens, voici venir
Ma mère et ma sœur Anne,
Qui vont l'étable ouvrir.

Bonsoir, bonsoir, ma mère ;
Ma sœur Anne, bonsoir ;
J'amène ma bergère
Près de vous pour ce soir ;
Va te sécher, ma mie,
Auprès de nos tisons ;
Sœur, fais-lui compagnie ;
Entrez, petits moutons.

Soignons bien, ô ma mère,
Son tant joli troupeau ;

Donnez plus de litière
A son petit agneau.
C'est fait; allons près d'elle.
Eh bien! donc, te voilà?
En corset qu'elle est belle!
Ma mère, voyez-là.

Soupons; prends cette chaise,
Tu seras près de moi;
Ce flambeau de mélèze.
Brûlera devant toi;
Goûte donc ce laitage.
Mais tu ne manges pas?
Tu te sens de l'orage;
Il a lassé tes pas.

Eh bien! voilà ta couche,
Dors-y jusques au jour;
Laisse-moi sur ta bouche
Prendre un baiser d'amour.
Ne rougis pas, bergère;
Ma mère et moi, demain,
Nous irons chez ton père
Lui demander ta main.

FABRE D'ÉGLANTINE.

La Barque à Caron.

Ah! que l'amour est agréable!
Il est de toutes les saisons :
Un bon bourgeois, dans sa maison,
Le dos au feu, le ventre à table,
Un bon bourgeois, dans sa maison,
Courtisait un jeune tendron.

Bacchus sera mon capitaine;
Vénus sera mon lieutenant;

Le rôtisseur mon commandant,
Le fournisseur mon porte-enseigne ;
Ma bandoulière de boudins,
Mon fourniment rempli de vin.

Quand nous serons dans l'autre monde,
Adieu plaisirs, adieu repas ;
Sachez bien que nous n'aurons pas
D'aussi bon vin dans l'autre monde ;
Nous serons quittes d'embarras,
Un' fois partis pour ces lieux bas.

Après ma mort, chers camarades,
Vous placerez dans mon tombeau
Un petit broc de vin nouveau,
Un saucisson, une salade,
Une bouteille de Mâcon,
Pour passer la barque à Caron.

Ah! vous dirai-je, maman?

Ah! vous dirai-je, maman,
Ce qui cause mon tourment ?
Depuis que j'ai vu Silvandre
Me regarder d'un air tendre,
Mon cœur dit à tout moment :
Peut-on vivre sans amant ?

L'autre jour, dans un bosquet,
De fleurs il fit un bouquet ;
Il para ma houlette,
Me disant : « Belle brunette,
Flore est moins belle que toi,
L'amour moins tendre que moi.

« Étant faite pour charmer,
Il faut plaire, il faut aimer ;
C'est au printemps de son âge

Qu'il est dit que l'on s'engage ;
Si vous tardez plus longtemps,
On regrette ces moments. »

Je rougis et, par malheur,
Un soupir trahit mon cœur ;
Silvandre, en amant habile,
Ne joua pas l'imbécile ;
Je veux fuir, il ne veut pas ;
Jugez de mon embarras.

Je fis semblant d'avoir peur,
Je m'échappai par bonheur ;
J'eus recours à la retraite.
Mais quelle peine secrète
Se mêle dans mon espoir,
Si je ne puis le revoir ?

Bergères de ce hameau,
N'aimez que votre troupeau ;
Un berger, prenez-y garde,
S'il vous aime, vous regarde,
Et s'exprime tendrement,
Pour vous causer du tourment.

Le Juif errant.

Nous donnons la dernière version d'une complainte qui paraît s'être perpétuée depuis plusieurs siècles en France. Cette version date de 1775 environ.

Est-il rien sur la terre
Qui soit plus surprenant
Que la grande misère
Du pauvre Juif errant ?
Que son sort malheureux
Paraît triste et fâcheux !

Des bourgeois de la ville
De Bruxelle en Brabant,
D'une façon civile,
L'accostent en passant.
Jamais ils n'avaient vu
Un homme si barbu.

Son habit, tout difforme
Et très-mal arrangé,
Fit croire que cet homme
Était fort étranger ;
Portant, comme ouvrier,
Devant lui un tablier.

On lui dit : « Bonjour, maître,
De grâce accordez-nous
La satisfaction d'être
Un moment avec vous.
Ne nous refusez pas ;
Tardez un peu vos pas.

— Messieurs, je vous proteste
Que j'ai bien du malheur ;
Jamais je ne m'arrête,
Ni ici, ni ailleurs ;
Par beau ou mauvais temps,
Je marche incessamment.

— Entrez dans cette auberge,
Vénérable vieillard ;
D'un pot de bière fraîche
Vous prendrez votre part.
Nous vous régalerons
Le mieux que nous pourrons.

— J'accepterai de boire
Deux coups avecque vous ;
Mais je ne puis m'asseoir ;
Je dois rester debout.
Je suis, en vérité,
Confus de vos bontés.

— De connaître votre âge
Nous serions curieux :
A voir votre visage
Vous paraissez fort vieux;
Vous avez bien cent ans;
Vous montrez bien autant.

— La vieillesse me gêne;
J'ai bien dix-huit cents ans.
Chose sûre et certaine,
Je passe encor douze ans;
J'avais douze ans passés
Quand Jésus-Christ est né.

— N'êtes-vous point cet homme
De qui l'on parle tant,
Que l'Écriture nomme
Isaac, Juif errant?
De grâce, dites-nous
Si c'est sûrement vous.

— Isaac Laquedem
Pour nom me fut donné;
Né à Jérusalem,
Ville bien renommée;
Oui, c'est moi, mes enfants,
Qui suis le Juif errant.

Juste ciel! que ma ronde
Est pénible pour moi!
Je fais le tour du monde
Pour la cinquième fois.
Chacun meurt à son tour,
Et moi je vis toujours!

Je traverse les mers,
Les rivières, les ruisseaux,
Les forêts, les déserts,
Les montagnes, les coteaux;
Les plaines, les vallons,
Tous chemins me sont bons.

J'ai vu dedans l'Europe,
Ainsi que dans l'Asie,
Des batailles et des chocs
Qui coûtaient bien des vies ;
Je les ai traversés
Sans y être blessé.

J'ai vu dans l'Amérique,
C'est une vérité,
Ainsi que dans l'Afrique,
Grande mortalité ;
La mort ne me peut ren ;
Je m'en aperçois bien.

Je n'ai point de ressource
En maison ni en bien ;
J'ai cinq sous dans ma bourse ;
Voilà tout mon moyen.
En tous lieux, en tout temps,
J'en ai toujours autant.

— Nous pensions comme un songe
Le récit de vos maux ;
Nous traitions de mensonge
Tous vos plus grands travaux ;
Aujourd'hui nous voyons
Que nous nous méprenions.

Vous étiez donc coupable
De quelque grand péché,
Pour que Dieu tout aimable
Vous ait tant affligé ?
Dites-nous l'occasion
De cette punition.

— C'est ma cruelle audace
Qui causa mon malheur ;
Si mon crime s'efface,
J'aurai bien du bonheur.
J'ai traité mon Sauveur
Avec trop de rigueur.

Sur le mont du Calvaire,
Jésus portait sa croix ;
Il me dit, débonnaire,
Passant devant chez moi :
« Veux-tu bien, mon ami,
« Que je repose ici ? »

Moi, brutal et rebelle,
Je lui dis sans raison :
« Ote-toi, criminel,
« De devant ma maison ;
« Avance et marche donc,
« Car tu me fais affront. »

Jésus, la bonté même,
Me dit en soupirant :
« Tu marcheras toi-même,
« Pendant plus de mille ans ;
« Le dernier jugement
« Finira ton tourment. »

De chez moi, à l'heure même,
Je sortis bien chagrin ;
Avec douleur extrême,
Je me mis en chemin.
Depuis ce jour je suis
En marche jour et nuit.

Messieurs, le temps me presse,
Adieu la compagnie ;
Grâce à vos politesses ;
Je vous en remercie ;
Je suis trop tourmenté
Quand je suis arrêté.

L'Enfant prodigue.

LE PRODIGUE DÉBAUCHÉ.

Je suis enfin résolu
D'être en mes mœurs absolu ;
Donnez-moi vite, mon père,
Ce qui revient à ma part.
Vous aurez mon autre frère ;
Consentez à mon départ.

LE PÈRE.

Pourquoi veux-tu, mon enfant,
Faire ce que Dieu défend ?
Veux-tu désoler mon âme,
Nos parents et nos amis !
Je serais digne de blâme
Si je te l'avais permis.

LE PRODIGUE.

Je veux, en dépit de tous,
M'éloigner d'auprès de vous ;
En vain vous faites la guerre
A ma propre volonté ;
Je ne crains ni ciel ni terre ;
Je veux vivre en liberté.

LE PÈRE.

Mais, hélas ! quelle raison
Te fait quitter la maison ?
Ne suis-je pas un bon père ?
De quoi te plains-tu de moi ?
Et qu'est-ce que je puis faire
Que je ne fasse pour toi ?

LE PRODIGUE.

Vous m'exhortez, il est vrai,
Mais je veux vivre en cadet ;

Vous condamnez à toute heure
Le moindre déréglement ;
Je vais changer de demeure
Sans retarder un moment.

LE PÈRE.

Adieu donc, cœur obstiné !
Adieu, pauvre infortuné !
Ton égarement me tue ;
J'en suis accablé d'ennui ;
Je vois ton âme perdue,
Et ne sais plus où j'en suis.

LE PRODIGUE EN LIBERTÉ.

Venez à moi, libertins ;
Prenez part à mes festins ;
Venez à moi, chers lubriques ;
Consumons nos courts moments
Dans les infâmes pratiques
Des plus noirs débordements.

Pensons à boire et manger
Dans ce pays étranger ;
Je n'ai plus la peur d'un père
Qui me suive pas à pas ;
Songeons à nous satisfaire
Dans l'ordure et les ébats.

Contentons tous nos désirs
En nageant dans les plaisirs,
Et vivons de cette sorte
Tant que l'argent durera ;
Nous irons de porte en porte
Sitôt qu'il nous manquera.

LE PRODIGUE PÉNITENT.

Oh ! le triste changement
Après un train si charmant !

Je ne vois plus à ma suite
Ceux qui me faisaient la cour ;
Tout le monde a pris la fuite ;
Pas un n'use de retour.

Je me trouve sans appui,
Dans la honte et dans l'ennui ;
Ma conduite tout impure
M'a mis au rang des pourceaux
Il est juste que j'endure
Auprès de ces animaux.

Je rougis de mes forfaits
Et des crimes que j'ai faits ;
Je fonds en pleurs, je soupire ;
Je sens de cuisants remords ;
Je sens un cruel martyre
De cœur, d'esprit et de corps.

Je meurs même ici de faim,
Faute d'un morceau de pain ;
Tandis que chez mon cher père,
Où jamais rien ne défaut,
Le plus chétif mercenaire
En a plus qu'il ne lui faut.

Je voudrais bien me nourrir
Des fruits qu'on laisse pourrir ;
Je voudrais bien, sous ce chêne,
Les restes de ces pourceaux ;
Mais j'ai mérité la peine
Qu'attirent les bons morceaux.

Je veux pourtant me lever
Pour penser à me sauver ;
Il est temps que je détourne
Mon cœur de l'iniquité,
Et qu'enfin je m'en retourne
Vers celui que j'ai quitté.

LE PRODIGUE DE RETOUR.

Voici, cher père, à genoux,
Un fils indigne de vous ;
Si vous daignez me permettre
D'entrer dans votre palais,
Ce me sera trop que d'être
Comme l'un de vos valets.

J'ai péché contre les cieux ;
Je n'ose lever les yeux ;
J'ai péché contre vous-même ;
Je crains de vous regarder ;
Ma douleur en est extrême ;
Je suis près de m'amender.

Je me soumets de bon cœur
A votre juste rigueur ;
Je ne veux plus vous déplaire ;
Oubliez ce que je fis ;
Vous êtes encore le père
De ce misérable fils.

LE PÈRE.

Cher enfant, embrasse-moi,
Je brûle d'amour pour toi ;
Mes entrailles sont émues
Et de joie et de pitié ;
Par ton retour tu remues
Tout ce que j'ai d'amitié.

Laquais, cherchez des souliers,
Et les mettez à ses pieds ;
Cherchez dans ma garde-robe
Une bague pour son doigt,
Avec sa première robe,
Puisqu'il revient comme il doit.

Qu'on prépare le veau gras ;
J'ai mon fils entre mes bras ;

Il avait perdu la vie,
Mais il est ressuscité :
Chers amis, je vous convie
A cette solennité.

RÉFLEXIONS.

C'est ainsi que le Seigneur
Reçoit le pauvre pécheur ;
Il l'embrasse, il le console,
Il l'aime plus que jamais,
Et d'une simple parole
Il remplit tous ses souhaits.

Fais donc, pécheur, par amour,
Vers Dieu ce parfait retour ;
Tu recouvreras la grâce
Et les dons du Saint-Esprit ;
L'ennemi rendra la place
De ton cœur à Jésus-Christ.

Tes mérites suspendus
Te seront soudain rendus ;
Ta paix en sera parfaite ;
La terre t'en bénira :
Tout le ciel en fera fête,
Et l'enfer en rougira.

Geneviève de Brabant.

Approchez-vous, honorable assistance,
Pour entendre réciter en ce lieu
L'innocence reconnue et patience
De Geneviève très-aimée de Dieu ;
    Étant comtesse,
    De grande noblesse,
Née du Brabant était assurément.

Geneviève fut nommée au baptême ;
Ses père et mère l'aimaient tendrement ;
La solitude prenait d'elle-même,
Donnant son cœur au Sauveur tout-puissant.
   Son grand mérite
   Fit qu'à la suite,
Dès dix-huit ans fut mariée richement.

En peu de temps s'éleva grande guerre ;
Son mari, seigneur du Palatinat,
Fut obligé, pour son honneur et gloire,
De quitter la comtesse en cet état,
   Étant enceinte
   D'un mois sans feinte,
Fait ses adieux, ayant les larmes aux yeux.

Il a laissé son aimable comtesse
Entre les mains d'un méchant intendant,
Qui la voulut séduire par finesse,
Et l'honneur lui ravir subitement.
   Mais cette dame
   Pleine de charme
N'y voulut consentir aucunement.

Ce malheureux accusa sa maîtresse
D'avoir péché avec son cuisinier ;
Le serviteur fit mourir par adresse,
Et la comtesse fit emprisonner.
   Chose assurée,
   Est accouchée,
Dans la prison, d'un beau petit garçon.

Le temps finit toute cette grand' guerre,
Et le seigneur revint en son pays.
Golo s'en fut au-devant de son maître,
Jusqu'à Strasbourg accomplir son envie.
   Ce téméraire
   Lui fit accroire
Que sa femme adultère avait commis.

Étant troublé de chagrin dans son âme,
Il ordonna à Golo, ce tyran,
D'aller au plus tôt faire tuer sa dame
Et massacrer le petit innocent.
   Ce méchant traître,
   Quittant son maître,
Va, d'un grand cœur, exercer sa fureur.

Ce bourreau de Geneviève si tendre
La dépouilla de ses habillements ;
De vieux haillons la fit vêtir, et prendre
Par deux valets fort rudes et très-puissants.
   L'ont emmenée,
   Bien désolée,
Dans la forêt avec son cher enfant.

Geneviève, approchant du supplice,
Dit à ses deux valets, tout en pleurant :
« Si vous voulez me rendre un grand service,
Faites-moi mourir avec mon cher enfant ;
   Et sans remise,
   Je suis soumise
A votre volonté présentement. »

La regardant, l'un dit : « Qu'allons-nous faire?
Quoi! un massacre! je n'en ferai rien ;
Faire mourir une bonne maîtresse...
Peut-être un jour nous fera-t-elle du bien.
   Sauvez-vous, dame
   Pleine de charme ;
Dans ces forêts qu'on ne vous voie jamais.

Celui qui a fait grâce à sa maîtresse
Dit : « Je sais bien comment tromper Golo ;
La langue d'un chien, nous faut, par finesse,
Prendre et porter à ce cruel bourreau.
   Ce traître infâme,
   Dedans son âme
Dira : C'est celle de Geneviève au tombeau. »

Au fond d'un bois, dedans une carrière,
Geneviève demeura pauvrement,
Étant sans pain, sans feu et sans lumière,
Ni compagnie que de son cher enfant.
   Mais l'assistance
   Qui la substante
C'est le bon Dieu, qui la garde en tout lieu.

Elle fut visitée par une pauvre biche
Qui tous les jours allaitait son enfant.
Tous les oiseaux chantent et la réjouissent,
L'accoutumant à leur aimable chant.
   Les bêtes farouches
   Près d'elle se couchent,
Divertissant elle et son cher enfant.

Voilà son mari qui est en grande peine
Dans son château, consolé par Golo ;
Ce n'est que jeux, que festins qu'on lui mène,
Mais ces plaisirs sont très-mal à propos ;
   Car, dans son âme,
   Sa chère dame,
Ce châtelain pleure avec grand chagrin.

Jésus-Christ a découvert l'innocence
De Geneviève, par sa grande bonté ;
Chassant dans la forêt, en diligence,
Le comte des chasseurs s'est écarté,
   Après la biche,
   Qui est nourrice
De son enfant, qu'elle allaitait souvent.

La pauvre biche se sauve au plus vite
Dedans la grotte, auprès de l'innocent ;
Le comte aussitôt, faisant la poursuite,
Pour la tirer de ces lieux promptement,
   Vit la figure
   D'une créature
Qui était auprès de son cher enfant.

Apercevant dans cette grotte obscure
Cette femme couverte de cheveux,
Lui demanda : « Qui êtes-vous, créature ?
Que faites-vous dans ces lieux ténébreux ?
      Ma chère amie,
      Je vous en prie,
Dites-moi donc, s'il vous plaît, votre nom.

— Geneviève, c'est mon nom, d'assurance,
Née du Brabant, où sont tous mes parents ;
Un grand seigneur m'épousa sans doutance ;
Dans son pays m'emmena promptement.
      Je suis comtesse
      De grande noblesse,
Mais mon mari fait de moi grand mépris.

Il m'a laissée, étant d'un mois enceinte,
Entre les mains d'un méchant intendant,
Qui a voulu me séduire par contrainte,
Et puis me faire mourir vilainement ;
      De rage félonne
      Dit à deux hommes
De me tuer moi et mon cher enfant. »

Le comte ému, reconnaissant sa femme
Dedans ce lieu, la regarde en pleurant ;
« Quoi ! est-ce vous, Geneviève, chère dame
Pour qui je pleure il y a si longtemps ?
      Mon Dieu ! quelle grâce,
      Dans cette place
De retrouver ma très-chère moitié. »

Ah ! quelle joie ! Au son de la trompette,
Voici venir la chasse et les chasseurs,
Qui reconnurent le comte, je proteste,
A ses côtés et sa femme et son cœur.
      L'enfant, la biche,
      Les chiens chérissent ;
Les serviteurs rendent grâce au Seigneur.

Tous les oiseaux et les bêtes sauvages
Regrettent Geneviève par leur chant,
Pleurent et gémissent par leurs doux ramages,
Et chantent tous d'un ton fort languissant :
   Pleurant la perte
   Et la retraite
De Geneviève et de son cher enfant.

Ce grand seigneur, pour punir l'insolence
Et la perfidie du traître Golo,
Le fit juger par très-juste sentence,
D'être écorché tout vif par un bourreau.
   A la voirie,
   L'on certifie
Que son corps y fut jeté par morceaux.

Fort peu de temps notre illustre princesse
Resta vivante avec son cher mari.
Malgré ses chères et tendres caresses,
Elle ne pensait qu'au Sauveur Jésus-Christ.
   Dans sa chère âme,
   Remplie de flamme,
Elle priait Dieu tant le jour que la nuit.

Elle ne pouvait manger que des racines,
Dont elle s'était nourrie dans les bois;
Ce qui fait que son mari se chagrine,
Offrant toujours des vœux au roi des rois :
   Qu'il s'intéresse
   A sa princesse
Qui suivait si austèrement ses lois.

« Puissant seigneur, par amour, je vous prie,
Et puisqu'aujourd'hui il faut nous quitter,
Que mon cher fils, ma douce compagnie,
Tienne toujours place à votre côté;
   Que la souffrance
   De son enfance
Fasse preuve de ma fidélité. »

Geneviève à ce moment rendit l'âme
Au roi des rois, le Sauveur tout-puissant.
Bénoni, de tout son cœur et son âme,
Poussait des cris terribles et languissants,
      Se jetant par terre,
      Lui et son père,
Se lamentant, pleurant amèrement.

Du ciel alors sortit une lumière,
Comme un rayon d'un soleil tout nouveau,
Dont la clarté dura la nuit entière;
Rien n'a paru au monde de plus beau.
      Les pauvres et riches,
      Jusqu'à la biche,
Tout a suivi Geneviève au tombeau.

Pour conserver à jamais l'innocence
De Geneviève accusée par Golo,
La pauvre biche veut par sa souffrance
La prouver par un miracle nouveau;
      Puisqu'elle est morte,
      Quoi qu'on lui porte,
Sans boire ni manger sur le tombeau.

Clémence Isaure.

A Toulouse il fut une belle;
Clémence Isaure était son nom.
Le beau Lautrec brûla pour elle,
Et de sa foi reçut le don;
Mais leurs parents trop inflexibles
S'opposaient à leurs tendres feux :
Ainsi toujours les cœurs sensibles
Sont nés pour être malheureux !

Alphonse, le père d'Isaure,
    Veut lui donner un autre époux.

Fidèle à l'amant qu'elle adore,
Sa fille tombe à ses genoux :
« Ah ! que plutôt votre colère
Termine des jours de douleur !
Ma vie appartient à mon père ;
A Lautrec appartient mon cœur. »

Le vieillard, pour qui la vengeance
A plus de charmes que l'amour,
Fait charger de chaînes Clémence,
Et l'enferme dans une tour.
Lautrec, que menaçait sa rage,
Vient gémir au pied du donjon,
Comme l'oiseau près de la cage
Où sa compagne est en prison.

Une nuit, la tendre Clémence
Entend la voix de son amant;
A ses barreaux elle s'élance,
Et lui dit ces mots en pleurant :
« Mon ami, cédons à l'orage;
Va trouver le roi des Français.
Emporte mon bouquet pour gage
Des serments que mon cœur t'a faits.

L'églantine est la fleur que j'aime;
La violette est ma couleur;
Dans le souci tu vois l'emblème
Des chagrins de mon triste cœur.
Ces trois fleurs que ma bouche presse
Seront humides de mes pleurs;
Qu'elles te rappellent sans cesse
Et nos amours et nos douleurs ! »

Elle dit, et par la fenêtre
Jette les fleurs à son amant;
Alphonse, qui vient à paraître,
Le force de fuir tout tremblant.
Lautrec part. La guerre commence,
Et s'allume de toutes parts.

10.

Vers Toulouse l'Anglais s'avance,
Et brûle déjà ses remparts.

Sur ses pas Lautrec revient vite :
A peine est-il sur le glacis,
Qu'il voit des Toulousains l'élite
Fuyant devant les ennemis.
Un seul vieillard résiste encore ;
Lautrec court lui servir d'appui ;
C'était le vieux père d'Isaure ;
Lautrec est blessé près de lui.

Hélas ! sa blessure est mortelle !
Il sauve Alphonse et va périr ;
Le vieillard fuit ; Lautrec l'appelle
Et lui dit, avant de mourir :
« Cruel père de mon amie,
Tu ne m'as pas voulu pour fils !
Je me venge en sauvant ta vie ;
Le trépas m'est doux à ce prix.

Exauce du moins ma prière ;
Rends les jours de Clémence heureux ;
Dis-lui qu'à mon heure dernière
Je t'ai chargé de mes adieux ;
Reporte lui ces fleurs sanglantes,
De mon cœur le plus cher trésor,
Et laisse mes lèvres mourantes
Les baiser une fois encor. »

En disant ces mots il expire.
Alphonse, accablé de douleur,
Prend le bouquet et s'en va dire
A sa fille l'affreux malheur.
En peu de jours, la triste amante,
Dans les pleurs terminant son sort,
Prit soin, d'une main défaillante,
D'écrire un testament de mort.

Elle ordonna que chaque année,
En mémoire de ses amours,

Chacune des fleurs fût donnée
Aux plus habiles troubadours.
Tout son bien fut laissé par elle,
Pour que ces trois fleurs fussent d'or.
Sa patrie, à son vœu fidèle,
Observe cet usage encor.

FLORIAN.

Jean de Nivelle.

Jean de Nivelle est un héros   (*bis*)
Qui n'a ni maîtres ni rivaux,   (*bis*)
Dans les combats, dans les ruelles.
Connaissez-vous Jean de Nivelle?
    Ah! Ah! Ah! oui, vraiment!
Jean de Nivelle est bon enfant.

Jean de Nivelle a trois châteaux,
Trois palefrois et trois manteaux,
Et puis trois lames de flamberge
Qu'il laisse parfois à l'auberge.
    Ah! Ah! Ah! oui, vraiment!
Jean de Nivelle est bon enfant.

Jean de Nivelle a trois cochons;
L'un fait des sauts, l'autre des bonds;
Le troisième monte à l'échelle;
C'est flatteur pour Jean de Nivelle.
    Ah! Ah! Ah! oui, vraiment!
Jean de Nivelle est bon enfant.

Jean de Nivelle a trois enfants;
L'un est sans nez, l'autre sans dents,
Et le troisième sans cervelle;
C'est bien dur pour Jean de Nivelle.
    Ah! Ah! Ah! oui, vraiment!
Jean de Nivelle est bon enfant.

Jean de Nivelle n'a qu'un chien ;
Il en vaut trois, on le sait bien ;
Mais il s'enfuit quand on l'appelle.
Connaissez-vous Jean de Nivelle ?
    Ah ! Ah ! Ah ! oui, vraiment !
Jean de Nivelle est bon enfant.

Margoton et son Ane.

Quand Margoton s'rend au moulin,
Filant sa quenouille de lin,
    Ell' monte sur son âne :
    Ah ! l'âne ! Ah ! l'âne ! Ah ! l'âne !
Ell' monte sur son âne Martin
    Pour aller au moulin.

Quand le meunier la voit venir,
De rire il ne peut se tenir ;
    « Attache là ton âne.
    « Ah ! l'âne ! Ah ! l'âne ! Ah ! l'âne !
« Attache là ton âne Martin
    « A la port' du moulin. »

Pendant que le moulin moulait,
Le meunier la belle embrassait ;
    Le loup a mangé l'âne.
    Ah ! l'âne ! Ah ! l'âne ! Ah ! l'âne !
Le loup a mangé l'âne Martin
    A la port' du moulin.

« J'ai douze écus dans mon gousset ;
« Prends-en cinq et laisse m'en sept ;
    « T'achèteras un âne.
    « Ah ! l'âne ! Ah ! l'âne ! Ah ! l'âne !
« T'achèteras un âne Martin
    « Pour venir au moulin. »

Le mari, la voyant venir,
De gronder ne put se tenir :

« Ce n'est pas là mon âne !
« Ah ! l'âne ! Ah ! l'âne ! Ah ! l'âne !
« Ce n'est pas là mon âne Martin.
« Qui t' portait au moulin.

« Mon âne avait les quatr' pieds blancs,
« Et les oreill's se rabattant ;
« On m'a changé mon âne !
« Ah ! l'âne ! Ah ! l'âne ! Ah ! l'âne !
« On m'a changé mon âne Martin
« A ce maudit moulin.

« Le bout de sa queue était noir ;
« Je suis volé ; c'est clair à voir ;
« Longtemps j' pleur'rai mon âne,
Ah ! l'âne Ah ! l'âne ! Ah ! l'âne !
« Longtemps j'pleur'rai mon âne Martin !
« Qui m' portait au moulin. »

— « Ne sais-tu pas, pauvre nigaud,
« Que les bêtes changent de peau ?
« C'est ce qu'a fait ton âne.
« Ah l'âne ! Ah ! l'âne ! Ah ! l'âne !
« C'est ce qu'a fait ton âne Martin
« En allant au moulin. »

Voyage de l'Amour et du Temps.

A voyager passant sa vie,
Certain vieillard, nommé le Temps,
Près d'un fleuve arrive et s'écrie :
« Ayez pitié de mes vieux ans !
Eh quoi ! sur ces bords on m'oublie,
Moi qui compte tous les instants !
Mes bons amis, je vous supplie,
Venez, venez passer le Temps. »   (*bis*)

De l'autre côté, sur la plage,
Plus d'une fille regardait,

Voulant aider à son passage,
Sur un bateau qu'Amour guidait.
Mais une d'elles, bien plus sage,
Leur répétait ces mots prudents :
« Bien souvent on a fait naufrage,
En cherchant à passer le Temps. »   (*bis*)

L'Amour gaîment pousse au rivage ;
Il aborde tout près du Temps ;
Il lui propose le voyage,
L'embarque et s'abandonne aux vents.
Agitant ses rames légères,
Il dit et redit dans ses chants :
« Vous voyez bien, jeunes bergères,
Que l'Amour fait passer le Temps. »   (*bis*)

Mais tout à coup l'Amour se lasse ;
Ce fut toujours là son défaut.
Le Temps prend la rame à sa place,
Et lui dit : « Quoi ! céder sitôt !
Pauvre enfant, quelle est ta faiblesse !
Tu dors, et je chante à mon tour
Ce vieux refrain de la sagesse :
Ah ! le Temps fait passer l'Amour. »   (*bis*)

DE SÉGUR.

Pauvre Jacques.

Cette chanson fut inspirée à la marquise de Travanet par les regrets d'une jeune fille, que la reine Marie-Antoinette avait fait venir de Suisse, pour l'employer à sa laiterie de Trianon. Ajoutons qu'à la suite de la romance, la reine réunit et maria le pauvre Jacques à sa maîtresse.

Pauvre Jacques, quand j'étais près de toi,
   Je ne sentais pas ma misère ;
Mais à présent que tu vis loin de moi,
   Je manque de tout sur la terre.   (*bis*)

Quand tu venais partager mes travaux,
   Je trouvais ma tâche légère.
T'en souvient-il ? tous les jours étaient beaux.
   Qui me rendra ce temps prospère ?   *(bis)*

Quand le soleil brille sur nos guérets,
   Je ne puis souffrir sa lumière ;
Et quand je suis à l'ombre des forêts,
   J'accuse la nature entière.   *(bis)*

Pauvre Jacques, quand j'étais près de toi,
   Je ne sentais pas ma misère ;
Mais à présent que tu vis loin de moi,
   Je manque de tout sur la terre.   *(bis)*

                    La marquise de TRAVANET.

La mère Bontemps.

   La mère Bontemps
S'en allait, disant aux fillettes :
   « Dansez, mes enfants,
Tandis que vous êtes jeunettes ;
   La fleur de gaîté
   Ne croît point l'été ;
Née au printemps comme la rose,
Cueillez-la dès qu'elle est éclose ;
   Dansez à quinze ans ;
   Plus tard il n'est plus temps.

   A vingt ans, mon cœur
Crut l'Amour un dieu plein de charmes ;
   Ce petit trompeur
M'a fait répandre bien des larmes ;
   Il est exigeant,
   Boudeur et changeant ;
Fille qu'il tient sous son empire
Fuit le monde, rêve et soupire.
   Dansez à quinze ans ;
   Plus tard il n'est plus temps.

Les jeux et les ris
Dansèrent à mon mariage ;
Mais bientôt j'appris
Qu'il est d'autres soins en ménage.
Mon mari grondait ;
Mon enfant criait ;
Moi, ne sachant lequel entendre,
Sous l'ormeau pouvais-je me rendre ?
Dansez à quinze ans ;
Plus tard il n'est plus temps.

L'instant arriva
Où ma fille me fit grand'mère ;
Quand on en est là,
Danser n'intéresse plus guère ;
On tousse en parlant ;
On marche en tremblant ;
Au lieu de sauter la gavotte,
Dans un grand fauteuil on radote.
Dansez à quinze ans ;
Plus tard il n'est plus temps.

Voyez les Amours
Jouer encore près de Louise ;
Elle plaît toujours ;
Au bal elle serait de mise ;
Comme moi pourtant,
Sans cesse on l'entend
Dire et redire à ses fillettes,
Si gentilles, si joliettes :
Dansez à quinze ans ;
Plus tard il n'est plus temps. »

Ma tante Marguerite.

Ma vieille tante Marguerite,
Qui touche à ses quatre-vingts ans,

Me dit toujours : « Pauvre petite,
Craignez les propos séduisants ;
Fillette doit fuir au plus vite
Quand un berger lui fait la cour.
— Ah! vieille tante Marguerite,
Vous n'entendez rien à l'amour.   (*bis*)

Eh quoi! lorsque, dans la prairie,
On me dira bien poliment
Que je suis aimable et jolie,
Faudra-t-il me fâcher vraiment ?
Un beau berger, si je l'irrite,
Prendrait de l'humeur à son tour.
Ah! vieille tante Marguerite,
Vous n'entendez rien à l'amour.   (*bis*)

Toutes les filles de mon âge
En secret écoutent déjà
Des garçons le tendre langage ;
Je ne vois pas grand mal à ça.
Ma tante veut qu'on les évite ;
Mais je répondrai chaque jour :
Ah! vieille tante Marguerite,
Vous n'entendez rien à l'amour. »   (*bis*)

Et l'innocente, un soir, seulette,
Fit la rencontre de Colin,
Qui, d'abord, lui conta fleurette,
Puis l'égara de son chemin ;
Si bien que la pauvre petite
N'osa plus dire à son retour :
Ah! vieille tante Marguerite,
Vous n'entendez rien à l'amour. »   (*bis*)

Sylvain Blot.

Les Souvenirs de l'exilé.

Cette romance mélancolique et charmante fut composée par Châteaubriand pendant son exil.

Combien j'ai douce souvenance
Du joli lieu de ma naissance!
Ma sœur, qu'ils étaient beaux les jours
    De France!
O mon pays, sois mes amours
    Toujours!

Te souvient-il que notre mère,
Au foyer de notre chaumière,
Nous pressait sur son cœur joyeux,
    Ma chère?
Et nous baisions ses blancs cheveux
    Tous deux!

Ma sœur, te souvient-il encore
Du château que baignait la Dore,
Et de cette tant vieille tour
    Du Maure,
Où l'airain sonnait le retour
    Du jour?

Te souvient-il du lac tranquille
Qu'effleurait l'hirondelle agile,
Du vent qui courbait le roseau
    Mobile,
Et du soleil couchant sur l'eau,
    Si beau?

Te souvient-il de cette amie,
Tendre compagne de ma vie?
Dans les bois, en cueillant la fleur
    Jolie,
Hélène appuyait sur mon cœur
    Son cœur.

Oh ! qui me rendra mon Hélène,
Et ma montagne et le grand chêne ?
Leur souvenir fait tous les jours
      Ma peine ;
Mon pays sera mes amours
      Toujours !

DE CHATEAUBRIAND.

Dormez, chères amours.

Reposons-nous ici tous deux ;
Goûtons le charme de ces lieux ;
Qu'un doux sommeil ferme vos yeux ;
Que le bruit de l'onde se mêle
Aux doux accents de Philomèle.
Dormez, dormez, chères amours, } bis
Pour vous je veillerai toujours.

Au sein de ces vastes forêts,
Si l'ombre de ces bois épais
De votre cœur trouble la paix,
Chassez une crainte funeste.
Auprès de vous votre ami reste.
Dormez, dormez, chères amours, } bis
Pour vous je veillerai toujours.

Vos yeux se ferment doucement ;
Je vais chanter plus lentement ;
Heureuse d'un songe charmant,
Puissiez-vous être ramenée
Aux doux instants de la journée !
Dormez, dormez, chères amours, } bis
Pour vous je veillerai toujours.

DE BEAUPLAN.

Les Hirondelles.

Que j'aime à voir les hirondelles,
A ma fenêtre, tous les ans,
Venir m'apporter des nouvelles
De l'approche du doux printemps !
Le même nid, me disent-elles,
Va revoir les mêmes amours ;
Ce n'est qu'à des amants fidèles
A vous annoncer les beaux jours.

Lorsque les premières gelées
Font tomber les feuilles des bois,
Les hirondelles rassemblées
S'appellent toutes sur les toits :
Partons, partons, se disent-elles ;
Fuyons la neige et les autans ;
Point d'hiver pour les cœurs fidèles ;
Ils sont toujours dans le printemps.

Si par malheur, dans le voyage,
Victime d'un cruel enfant,
Une hirondelle mise en cage
Ne peut rejoindre son amant,
Vous voyez mourir l'hirondelle
D'ennui, de douleur et d'amour,
Tandis que son amant fidèle
Près de là meurt le même jour.

FLORIAN.

Le Rosier.

Je l'ai planté, je l'ai vu naître,
Ce beau rosier où les oiseaux,
Le matin, près de ma fenêtre,
Viennent chanter sous ses rameaux.

Joyeux oiseaux, troupe amoureuse,
Ah! par pitié, ne chantez pas :
L'amant qui me rendait heureuse
Est parti pour d'autres climats.

Pour les trésors du nouveau monde,
Il fuit l'amour, brave la mort.
Hélas! pourquoi chercher sur l'onde
Le bonheur qu'il trouvait au port?

Vous, passagères hirondelles,
Qui revenez chaque printemps,
Oiseaux voyageurs, mais fidèles,
Ramenez-le moi tous les ans.

J.-J. Rousseau.

Le Bouton de rose.

Bouton de rose,
Tu seras plus heureux que moi,
Car je te destine à ma Rose,
Et ma Rose est ainsi que toi
Bouton de rose.

Au sein de Rose,
Heureux bouton, tu vas mourir !
Moi, si j'étais bouton de rose,
Je ne mourrais que de plaisir
Au sein de Rose.

Au sein de Rose
Tu pourras trouver un rival;
Ne joute pas, bouton de rose,
Car, en beauté, rien n'est égal
Au sein de Rose.

Bouton de rose,
Adieu, Rose vient, je la vois;

S'il est une métempsycose,
Grands dieux, par pitié, faites-moi
Bouton de rose !

CONSTANCE DE SALM.

Chant du Barde.

Femme sensible, entends-tu le ramage
De ces oiseaux qui célèbrent leurs feux ?
Ils font redire à l'écho du rivage :
Le printemps fuit ; hâtez-vous d'être heureux.

Vois-tu ces fleurs, ces fleurs qu'un doux zéphire
Va caressant de son souffle amoureux ?
En se fanant, elles semblent te dire :
Le printemps fuit ; hâtez-vous d'être heureux.

Moments charmants d'amour et de tendresse,
Comme un éclair vous fuyez à nos yeux ;
Et tous les jours perdus dans la tristesse
Nous sont comptés comme des jours heureux.

HOFFMANN.

Le Départ pour la Syrie.

Cette romance de M. de Laborde eut un grand succès sous le premier Empire. La reine Hortense en avait fait la musique, qui est d'un accent assez doux, quoiqu'on ait essayé d'en faire un chant national et presque belliqueux.

Partant pour la Syrie,
Le jeune et beau Dunois
Venait prier Marie
De bénir ses exploits :
« Faites, reine immortelle,
Lui dit-il en partant,

« Que j'aime la plus belle
Et sois le plus vaillant. »

Il trace sur la pierre
Le serment de l'honneur,
Et va suivre à la guerre
Le comte, son seigneur.
Au noble vœu fidèle,
Il dit en combattant :
« Amour à la plus belle,
Honneur au plus vaillant! »

On lui doit la victoire.
— Vraiment, dit le seigneur,
« Puisque tu fais ma gloire,
Je ferai ton bonheur.
De ma fille Isabelle
Sois l'époux à l'instant,
Car elle est la plus belle
Et toi le plus vaillant. »

A l'autel de Marie,
Ils contractent tous deux
Cette union chérie,
Qui seule rend heureux.
Chacun, dans la chapelle,
Disait en les voyant :
« Amour à la plus belle.
Honneur au plus vaillant! »

Richard Cœur de Lion.

O Richard! ô mon roi!
L'univers t'abandonne;
Sur la terre il n'est donc que moi
Qui s'intéresse à ta personne!
Moi seul, dans l'univers,
Voudrais briser tes fers,

Et tout le monde t'abandonne.
 O Richard! ô mon roi!
 L'univers t'abandonne;
Et sur la terre il n'est que moi (bis)
Qui s'intéresse à ta personne.

Et sa noble amie... hélas! son cœur
 Doit être navré de douleur;
Oui, son cœur est navré de douleur.
 Monarques, cherchez des amis,
 Non sous les lauriers de la gloire,
 Mais sous les myrtes favoris
 Qu'offrent les filles de Mémoire.
  Un troubadour
  Est tout amour,
 Fidélité, constance,
Et sans espoir de récompense.

 O Richard! ô mon roi!
 L'univers t'abandonne;
Sur la terre il n'est donc que moi
Qui s'intéresse à ta personne!
 O Richard! ô mon roi!
 L'univers t'abandonne;
Et sur la terre il n'est que moi,
Oui, c'est Blondel! il n'est que moi
Qui s'intéresse à ta personne!
  Il n'est que moi
Qui s'intéresse à ta personne!

SEDAINE.

Le Retour du Troubadour.

Un gentil troubadour,
 Qui chante et fait la guerre,
 Revenait chez son père,
 Rêvant à son amour;

Gages de sa valeur,
Suspendus en écharpe,
Son épée et sa harpe
Se croisaient sur son cœur.

Il rencontre en chemin
Pèlerine jolie,
Qui voyage et qui prie,
Un rosaire à la main ;
Collerette à longs plis
Ornait sa fine taille ;
Un grand chapeau de paille
Couvrait son teint de lis.

— O gentil troubadour !
Si tu reviens fidèle,
Chante un couplet pour celle
Qui bénit ton retour.
— Pardonne à mon refus,
Pèlerine jolie,
Sans avoir vu ma mie,
Je ne chanterai plus.

— Ne la revois-tu pas,
O troubadour fidèle?
Regarde bien ; c'est-elle !
Ouvre-lui donc tes bras.
Priant pour notre amour,
J'allais en pèlerine,
A la Vierge divine
Demander ton retour. »

Près de ces deux amants
S'élève une chapelle ;
L'ermite, qu'on appelle,
Bénit leurs doux serments.
Allez en ce saint lieu,
Amants du voisinage,
Faire un pèlerinage
A la mère de Dieu.

La Musette.

Cette chanson parut pour la première fois dans l'almanach des Muses de 1773.

O ma tendre musette,
Musette des amours,
Toi qui chantais Lisette,
Lisette et les beaux jours,
D'une vaine espérance
Tu m'avais trop flatté :
Chante son inconstance
Et ma fidélité.

C'est l'amour, c'est sa flamme
Qui brille dans ses yeux;
Je croyais que son âme
Brûlait des mêmes feux.
Lisette, à son aurore,
Respirait le plaisir.
Hélas! si jeune encore
Sait-on déjà trahir?

Sa voix, pour me séduire,
Avait plus de douceur;
Jusques à son sourire,
Tout en elle est trompeur;
Tout en elle intéresse;
Et je voudrais, hélas!
Qu'elle eût plus de tendresse,
Ou qu'elle eût moins d'appas.

O ma tendre musette,
Console ma douleur;
Parle-moi de Lisette;
Ce nom fait mon bonheur.
Je la revois plus belle,
Plus belle tous les jours;

Je me plains toujours d'elle,
Et je l'aime toujours.
LA HARPE.

Les Souhaits.

Que ne suis-je la fougère
Où, sur le soir d'un beau jour,
Se repose ma bergère,
Sous la garde de l'amour !
Que ne suis-je le Zéphire
Qui rafraîchit ses appas,
L'air que sa bouche respire,
La fleur qui naît sous ses pas !

Que ne suis-je l'onde pure
Qui la reçoit dans son sein !
Que ne suis-je la parure
Qui la couvre après le bain !
Que ne suis-je cette glace,
Où son portrait répété
Offre à nos yeux une grâce
Qui sourit à la beauté !

Que ne puis-je par un songe
Tenir son cœur enchanté !
Que ne puis-je du mensonge
Passer à la vérité !
Les dieux, qui m'ont donné l'être,
M'ont fait trop ambitieux,
Car enfin je voudrais être
Tout ce qui plaît à ses yeux.
RIBOUTTÉ.

Vivre loin de ses amours.

S'il est vrai que d'être deux
  Fut toujours le bien suprême,
Hélas! c'est un mal affreux
  De ne plus voir ce qu'on aime.
  Vivre loin de ses amours,
N'est-ce pas mourir tous les jours?

Chaque instant vient attiser
  La flamme qui vous dévore;
On se rappelle un baiser
  Et mille baisers encore.
  Vivre loin de ses amours,
N'est-ce pas mourir tous les jours?

La nuit, en dormant, hélas!
  Victime d'un doux mensonge,
Vous vous croyez dans ses bras;
  Le jour vient..... c'était un songe.
  Vivre loin de ses amours,
N'est-ce pas mourir tous les jours?

Un tissu de ses cheveux
  Est le seul bien qui me reste;
Il devait me rendre heureux;
  C'est un trésor bien funeste.
  Vivre loin de ses amours,
N'est-ce pas mourir tous les jours?

Adieux d'un Troubadour.

Fleuve du Tage,
Je fuis tes bords heureux;
  A ton rivage
J'adresse mes adieux

Rochers, bois de la rive,
Écho, nymphe plaintive,
  Adieu, je vais
Vous quitter pour jamais.

  Grotte jolie
Où le temps fortuné,
  Près de Marie,
A si vite passé,
Ton réduit solitaire,
Asile du mystère,
  Fut pour mon cœur
Le séjour du bonheur.

  Jour de tendresse
Comme un beau songe a fui;
  Jours de tristesse,
De chagrin et d'ennui,
Loin de ma douce amie,
Désormais de ma vie
  Vont pour toujours,
Hélas! flétrir le cours.

  Terre chérie
Où j'ai reçu le jour,
  Comme Marie,
Objet de mon amour;
Rochers, bois de la rive,
Écho, nymphe plaintive,
  Adieu, je vais
Vous quitter pour jamais.

Les Visitandines.

Enfant chéri des dames,
Je suis en tous pays
Fort bien avec les femmes,
Mal avec les maris.   *(ter*

Pour charmer l'ennui de l'absence,
A vingt beautés je fais la cour.
Laissant aux sots l'ennuyeuse constance,
Je les adore tour à tour.
Pourquoi me piquer de constance?
Quand je vois de nouveaux appas,
Un nouveau goût s'éveille;
J'entends à mon oreille
Le dieu d'amour me répéter tout bas :
Enfant chéri des dames,
Sois dans tous les pays
Fort bien avec les femmes,
Mal avec les maris. *(ter)*

Mais le ciel me seconde,
Et veut faire, je crois,
L'ami de tout le monde
D'un homme tel que moi.
Me voici dans la France;
Tout ira pour le mieux,
Car on aime l'aisance
Dans ce climat heureux.
Non, il n'est pas de climat plus heureux.
Car les amants des dames,
Dans ce charmant pays,
Sont bien avec les femmes,
Bien avec les maris. *(ter)*

PICARD.

Cendrillon.

« Je suis modeste et soumise;
Le monde me voit fort peu,
Car je suis toujours assise
Dans le petit coin du feu.
Cette place n'est pas belle,
Mais pour moi tout paraît bon :

Voilà pourquoi l'on m'appelle
La petite Cendrillon.

« Mes sœurs, du soin du ménage,
Ne s'occupent pas du tout.
C'est moi qui fais tout l'ouvrage,
Et pourtant j'en viens à bout.
Attentive, obéissante,
Je sers toute la maison;
Et je suis votre servante,
La petite Cendrillon.

« Quoique toujours je m'empresse,
Mon zèle est très-mal payé;
Et jamais on ne m'adresse
Un petit mot d'amitié.
Mais, n'importe, on a beau faire,
Je me tais, et j'ai raison.
Dieu protégera, j'espère,
La petite Cendrillon. »

ÉTIENNE.

Le Pré aux Clercs.

Souvenirs du jeune âge
Sont gravés dans mon cœur,
Et je pense au village
Pour rêver le bonheur.
Ah! ma voix vous supplie
D'écouter mon désir :
Rendez-moi ma patrie
Ou laissez-moi mourir.

De nos bois le silence,
Les bords d'un clair ruisseau,
La paix et l'innocence
Des enfants du hameau,

Ah! voilà mon envie,
Voilà mon seul désir :
Rendez-moi ma patrie
Ou laissez-moi mourir.

Marie.

Une robe légère
D'une entière blancheur,
Un chapeau de bergère,
De nos bois une fleur;
Ah! telle est la parure
Dont je suis enchanté;
Et toujours la nature
Embellit la beauté.

Crois-tu donc que mon Émilie
Puisse devenir plus jolie?
Que ces plumes et ces bijoux,
Cette ceinture en broderie,
Cette belle écharpe d'Asie,
Rendent jamais ses traits plus doux?
Non, non, c'est une chimère.

Une robe légère
D'une entière blancheur,
Un chapeau de bergère,
De nos bois une fleur;
Ah! telle est la parure
Dont je suis enchanté;
Et toujours la nature
Embellit la beauté.

PLANARD.

Barcarolle de Marie.

« Batelier, dit Lisette,
Je voudrais passer l'eau,
Mais je suis bien pauvrette
Pour payer le bateau. »
Colin dit à la belle :
« Venez, venez toujours,   (*bis*)
Et vogue la nacelle
Qui porte mes amours ! »

— Je m'en vais chez mon père,
Dit Lisette à Colin.
— Et bien ! crois-tu, ma chère,
Qu'il m'accorde ta main ?
— Ah ! répondit la belle,
Osez, osez toujours.   (*bis*)
— Et vogue la nacelle
Qui porte mes amours ! »

Après le mariage,
Toujours dans son bateau,
Colin fut le plus sage
Des maris du hameau.
A sa chanson fidèle,
Il répéta toujours :   (*bis*)
« Et vogue la nacelle
Qui porte mes amours ! »

PLANARD.

Joseph.

A peine au sortir de l'enfance ;
Quatorze ans au plus je comptais,
Je suivis avec confiance
De méchants frères que j'aimais.

Dans Sichem aux gras pâturages,
Nous paissions de nombreux troupeaux.
J'étais simple comme au jeune âge,
Timide comme mes agneaux.

Près de trois palmiers solitaires,
J'adressais mes vœux au Seigneur,
Quand, saisi par ces méchants frères...
J'en frémis encor de frayeur !
Dans un humide et froid abîme,
Ils me plongent dans leur fureur ;
Et je n'opposais à leur crime
Que mon innocence et mes pleurs.

Hélas ! près de quitter la vie,
Au jour je fus enfin rendu.
A des marchands de l'Arabie
Comme un esclave ils m'ont vendu.
Tandis que, du prix de leur frère,
Ils comptaient l'or qu'ils partageaient,
Hélas ! moi, je pleurais mon père
Et les ingrats qui me vendaient.

Alexandre Duval.

La Leçon.

Conservez bien la paix du cœur,
Disent les mamans aux fillettes.
Sans la paix, adieu le bonheur ;
Craignez mille peines secrètes.
On tremble, on se promet longtemps
De rester dans l'indifférence ;
Et puis, on arrive à douze ans,
Et le cœur bat sans qu'on y pense.

Fuyez surtout, fuyez l'Amour !
Disent les mamans aux fillettes.

Le petit traître, chaque jour,
Vous tend des embûches secrètes.
On tremble, on se promet longtemps
De se soustraire à sa puissance;
Et puis, on arrive à seize ans,
Et l'amour vient sans qu'on y pense.

Mais pourquoi tous ces vains discours
Que font les mamans aux fillettes?
Puisqu'on doit tribut aux amours,
Nous voulons acquitter nos dettes.
Pour bien aimer, il n'est qu'un temps,
S'en défendre est une imprudence;
Si l'on n'aime pas au printemps,
L'hiver viendra sans qu'on y pense.

Armand Gouffé.

Fanchon la Vielleuse.

Aux montagnes de la Savoie,
Je naquis de pauvres parents;
Voilà qu'à Paris l'on m'envoie,
Car nous étions beaucoup d'enfants.
Je n'apportais, hélas! en France,
Que mes chansons, quinze ans, ma vielle et l'espérance.

En pleurant, dans chaque village,
Fanchon allait, tendant la main.
Pauvre petite, ah! quel dommage!
Que n'étais-je sur ton chemin,
Lorsque tu n'apportais en France,
Que tes chansons, quinze ans, ta vielle et l'espérance!

Quinze ans et sans ressource aucune,
Que l'on éveille de soupcons!
Cependant j'ai fait ma fortune,
Et n'ai donné que mes chansons.

Fillette sage, apporte en France
Tes chansons, tes quinze ans, ta vielle et l'espérance.
BOUILLY *et* J. PAIN.

La Bonne Aventure.

Jeunes filles qui portez
  Blonde chevelure,
L'amour vient de tous côtés
Rendre hommage a vos beautés.
La bonne aventure, ô gué!
  La bonne aventure!

Longue souffrance, en aimant,
  Est chose bien dure;
Mais lorsqu'un heureux amant
Plaît au premier compliment,
La bonne aventure, ô gué!
  La bonne aventure!

Voir sans obstacle un ami,
  Bagatelle pure!
Mais pour un amant chéri,
Tromper tuteur ou mari,
La bonne aventure, ô gué!
  La bonne aventure!

Si l'Amour, d'un trait malin,
  Vous a fait blessure,
Prenez-moi pour médecin
Quelque joyeux boute-en-train.
La bonne aventure, ô gué!
  La bonne aventure!

Suivons un penchant flatteur,
  Sans peur du murmure.
Est-il plus grande douceur
Que celle que donne au cœur

La bonne aventure, ô gué!
La bonne aventure!

DANCOURT.

Ronde de l'Amour.

C'est l'amour, l'amour, l'amour,
 Qui fait le monde
  A la ronde,
Et chaque jour, à son tour,
 Le monde fait l'amour.

Qui rend la femme plus docile,
Et qui sait doubler ses attraits?
Qui rend le plaisir plus facile?
Qui fait excuser ses excès?
 Qui sait rendre sensibles
 Les grands dans leurs palais?
 Qui sait rendre accessibles
 Jusques aux sous-préfets?
 C'est l'amour, l'amour, l'amour, etc.

Qui donne de l'âme aux poëtes
Et de la joie à nos lurons?
Qui donne de l'esprit aux bêtes
Et du courage aux plus poltrons?
 Qui donne des carrosses
 Aux tendrons de Paris?
 Et qui donne des bosses
 A beaucoup de maris?
 C'est l'amour, l'amour, l'amour, etc.

Que fait une nouvelle artiste
Qui veut s'assurer des amis?
Que fait une jeune modiste
Pour se mettre en vogue à Paris?
 Que font dans les coulisses
 Les banquiers, les docteurs?

Et que font les actrices
Avec certains auteurs ?
C'est l'amour, l'amour, l'amour, etc.

Sur les rochers les plus sauvages,
Dans les palais, dans les vallons,
Dans l'eau, dans l'air, dans les bocages,
Sous le chaume, dans les salons,
Que font toutes les belles,
Les amants, les époux?
Que font les tourterelles
Et même les coucous?
C'est l'amour, l'amour, l'amour,
Qui fait le monde
A la ronde,
Et chaque jour, à son tour,
Le monde fait l'amour.

DARTOIS et FRANCIS D'ALLARDE.

Gentil Bernard.

O Fontenay, qu'embellissent les roses,
Avec transport toujours je te revois.
Ici l'amour, de fleurs fraîches écloses,
Me couronna pour la première fois.

Dans ma Claudine, attraits, douceur, simplesse,
Tout m'enivrait; j'étais fier de mon choix.
Avec quel feu je peignais ma tendresse!
Qu'on aime bien pour la première fois!

Depuis dix ans, ignorant sa retraite,
De vingt beautés j'ai cru suivre les lois.
Mais c'est Claudine, hélas! que je regrette ·
On n'aime bien que la première fois.

Montano et Stéphanie.

Quand on fut toujours vertueux,
On aime à voir lever l'aurore.
A son aspect délicieux,
L'homme juste est plus calme encore.
Plus recueilli dans ce moment,
Il jouit d'une ivresse pure,
Et rien pour lui n'est si touchant
Que le réveil de la nature.

Je vais encor combler les vœux
D'une tendre et sensible amante;
A la main d'un amant heureux,
Je vais unir sa main tremblante.
L'attente d'un si beau moment
Me remplit d'une ivresse pure,
Et me rend encor plus touchant
Le doux réveil de la nature.

DEJAURE.

Le premier pas.

Le premier pas se fait sans qu'on y pense :
Craint-on jamais ce qu'on ne prévoit pas ?
Heureux celui dont la douce éloquence,
En badinant fait faire à l'innocence,
    Le premier pas!   (*bis*)

Au premier pas, un bonheur qu'on ignore
Sait à nos cœurs présenter tant d'appas,
Qu'à son déclin, regrettant son aurore,
Femme souvent veut qu'on la croie encore
    Au premier pas.   (*bis*)

Le premier pas rarement inquiète
Jeune beauté qu'amour prend dans ses lacs;

Mais sur la route où le fripon la guette,
Plus elle avance, et plus elle regrette
    Le premier pas.   *(bis)*
                  Bouilly et Moreau.

Conseils aux femmes.

LE MARI.

Femmes, voulez-vous éprouver
Si vous êtes encor sensibles ?
Un beau matin, venez rêver
A l'ombre des bosquets paisibles.
Si le silence et la fraîcheur,
Si l'onde qui fuit et murmure
Agitent encor votre cœur,
Ah! rendez grâce à la nature.

Mais, dans le sein de la forêt,
Asile sacré du mystère,
Si votre cœur reste muet,
Femmes, ne cherchez plus à plaire.
Si pour vous, le soir d'un beau jour
N'a plus ce charme qui me touche,
Profanes, que le nom d'amour
Ne sorte plus de votre bouche.

LA FEMME.

Maris, qui voulez éprouver
Jusqu'où va notre patience,
Vous pourriez bien aussi trouver
Le prix de votre impertinence.
Plus de pitié que de courroux
Est ce qu'on doit à votre injure ;
Vos femmes valent mieux que vous ;
Rendez-en grâce à la nature.
                  Hoffmann.

Colinette.

Colinette au bois s'en alla,
  En sautillant par-ci, par-là ;
Trala déridéra, trala déridéra.
  Un beau monsieur la rencontra ;
  Frisé par-ci, poudré par-là,
Trala déridéra, trala déridéra.
  « Fillette, où courez-vous comm' ça ?
  — Monsieur, j'm'en vais dans c'p'tit bois-là,
    Cueillir la noisette. »
Trala déridéra, trala trala trala déridéra.
    N'y a pas d'mal à ça,
      Colinette,
    N'y a pas d'mal à ça.

  A ses côtés l'monsieur s'en va,
    Sautant comme ell' par-ci, par-là,
Trala déridéra, trala déridéra ;
  « Où v'nez-vous donc, monsieur, comme ça ?
  — J' vais avec vous dans c'p'tit bois-là,
Trala déridéra, trala déridéra ;
  Mais jusqu'à temps qu' nous soyons là,
    Chantons gaîment par-ci, par-là,
      La p'tite chansonnette. »
Trala déridéra, trala trala trala déridéra,
    N'y a pas d' mal à ça,
      Colinette,
    N'y a pas d' mal à ça.

  L' monsieur lui dit, quand ils fur'nt là :
  « Asseyons-nous sur c' gazon-là,
Trala déridéra, trala déridéra. »
  Sans résistance il l'embrassa,
    Et p'tit à p'tit, et cætera,
Trala déridéra, trala déridéra.
  La pauvre fille, en sortant d'là,
    Garda l' silence et puis pleura !
      Personne ne répète :

12.

Trala déridéra, trala trala trala déridéra.
>N'y a pas d' mal à ça,
>Colinette,
>N'y a pas d'mal à ça.

LE COUSIN JACQUES.

La Ressemblance.

Il faut des époux assortis
Dans le lien du mariage ;
Vieilles femmes, jeunes maris
Feront toujours mauvais ménage.
On ne voit point le papillon
Sur la fleur qui se décolore ;
Rose qui meurt cède au bouton
Les baisers de l'amant de Flore.

Ce lien peut être encor doux
Pour un vieillard qu'amour enflamme ;
On voit souvent un vieil époux
Être aimé d'une jeune femme.
L'homme, à sa dernière saison,
Par mille dons peut plaire encore ;
Ne savons-nous pas que Tithon
Rajeunit auprès de l'Aurore ?

Aux époux unis par le cœur,
Le temps fait blessure légère ;
On a toujours de la fraîcheur,
Quand on a le secret de plaire.
Rose qui séduit le matin,
Le soir peut être belle encore ;
L'astre du jour à son déclin
A souvent l'éclat de l'aurore.

ALEXANDRE DUVAL.

Le Point du Jour.

Le point du jour
A nos bosquets rend toute leur parure ;
Flore est plus belle à son retour.
L'oiseau redit son chant d'amour ;
Tout célèbre dans la nature
Le point du jour.

Au point du jour
Désir plus vif est toujours près d'éclore ;
Jeune et sensible troubadour,
Quand vient la nuit, chante l'amour ;
Mais il chante bien mieux encore
Au point du jour.

Le point du jour
Cause parfois, cause douleur extrême ;
Que l'espace des nuits est court
Pour le berger brûlant d'amour,
Forcé de quitter ce qu'il aime
Au point du jour !

La Chabaussière et Étienne.

La Fin du Jour.

La fin du jour
Sauve les fleurs et rafraîchit les belles :
Je veux, en galant troubadour,
Célébrer, au nom de l'amour,
Chanter, au nom des fleurs nouvelles,
La fin du jour.

La fin du jour
Rend aux plaisirs l'habitant du village :
Voyez les bergers d'alentour
Danser en chantant tour à tour ;

Ah ! comme on aime, après l'ouvrage,
   La fin du jour !

   La fin du jour
Rend aux amants et l'ombre et le mystère :
   Quand Phébus termine son tour,
   Vénus, au milieu de sa cour,
   Avec Mars célèbre à Cythère
      La fin du jour.

   La fin du jour
Rend le bonheur aux oiseaux du bocage :
   Bravant, dans leur obscur séjour,
   La griffe du cruel vautour,
   Ils vont guetter sous le feuillage
      La fin du jour.

   La fin du jour
Me voit souvent commencer un bon somme ;
   Et pour descendre au noir séjour,
   En fermant les yeux sans retour,
   Je dirai gaîment : C'est tout comme
      La fin du jour.

ARMAND GOUFFÉ.

Le sultan Saladin.

Que le sultan Saladin
Rassemble dans son jardin
Un troupeau de jouvencelles,
Toutes jeunes, toutes belles,
Pour s'amuser le matin ;
   C'est bien, très-bien ;
Cela ne nous blesse en rien.
Moi, je pense comme Grégoire :
   J'aime mieux boire.   (*bis*)

Qu'un seigneur, qu'un haut baron
Vende jusqu'à son donjon

Pour aller à la croisade ;
Qu'il laisse sa camarade
Dans la main de gens de bien ;
 C'est bien, très-bien ;
Cela ne nous blesse en rien.
Moi, je pense comme Grégoire :
 J'aime mieux boire. (*bis*)

Que le vaillant roi Richard
Aille courir maint hasard,
Pour aller, loin d'Angleterre,
Conquérir une autre terre
Dans le pays d'un païen ;
 C'est bien, très-bien ;
Cela ne nous blesse en rien.
Moi, je pense comme Grégoire :
 J'aime mieux boire. (*bis*)

SEDAINE.

Romance de Richard.

Une fièvre brûlante
Un jour me terrassait,
Et de mon corps chassait
Mon âme languissante.
Ma dame approche de mon lit,
Et loin de moi la mort s'enfuit.
 Un regard de ma belle
 Fait, dans mon tendre cœur,
 A la peine cruelle
 Succéder le bonheur.

Dans une tour obscure
Un roi puissant languit ;
Son serviteur gémit
De sa triste aventure.
— Si Marguerite était ici
Je m'écrîrais : Plus de souci !

Un regard de ma belle
Fait, dans mon tendre cœur,
A la peine cruelle
Succéder le bonheur.

SEDAINE.

La Veillée.

Heureux qui, dans sa maisonnette,
Dont la neige a blanchi le toit,
Nargue le chagrin et le froid,
Au refrain d'une chansonnette.
Que les soirs d'hiver sont charmants,
Lorsqu'une famille assemblée
Sait, par divers amusements,
    Égayer la veillée !

Assis près de sa bien-aimée,
Voyez le paisible Lapon,
Lorsque la neige, à gros flocon,
Tombe sur sa hutte enfumée :
Autour du feu, dans ce réduit,
La famille entière assemblée
Semble trouver six mois de nuit
    Trop courts pour la veillée.

J'aime surtout une soirée
Où l'on parle de revenants,
Alors qu'on entend tous les vents
Siffler autour de la contrée.
A ces récits intéressants,
Toute la troupe émerveillée
Tremble, écoute et voudrait longtemps
    Prolonger la veillée.

VILLEMONTEZ.

Coralie.

A dix-sept ans, la pauvre Coralie
Disait tout bas à chaque instant du jour :
« Oui, c'en est fait, oui ; je fuirai l'amour. »
Fuit-on l'amour quand on est si jolie ?

Hylas parut ; la bergère attendrie,
En le voyant éprouva du plaisir ;
Elle rougit, mais sans y réfléchir.
Réfléchit-on quand on est si jolie ?

Hylas lui dit : « Oh ! ma tant douce amie
Daigneras-tu m'accorder un baiser ? »
Elle n'eut pas le cœur de refuser.
Refuse-t-on quand on est si jolie ?

Un certain soir, sur la verte prairie,
Elle combla tous les désirs d'Hylas.
A l'inconstance elle ne pensait pas.
Y pense-t-on quand on est si jolie ?

Bientôt Hylas la quitte pour Sylvie.
Lors, mes amis, j'ai vu la pauvre enfant
Donner des pleurs à son volage amant.
Doit-on pleurer quand on est si jolie ?

Depuis ce jour, sa figure flétrie
Perdit, hélas ! moitié de ses attraits ;
Elle souffrit sans se plaindre jamais.
Doit-on souffrir quand on est si jolie ?

A dix-huit ans elle perdit la vie.
Sur son tombeau, les villageois en pleurs
Répétaient tous, en la couvrant de fleurs :
« Doit-on mourir quand on est si jolie ? »

Souvenirs du bon vieux temps.

Giroflée, au printemps,
Viens orner la tourelle,
Et que ta fleur nouvelle
Rappelle le vieux temps.

Que j'aime à voir la giroflée
Sur de vieux murs croître et fleurir;
L'aspect de sa tige isolée
Du passé me fait souvenir.
Vieux palais, dont les voûtes sombres
S'embellissaient de marbre et d'or,
Vous n'êtes plus que des décombres,
Où la nature règne encor.
    Giroflée, au printemps, etc.

Ici d'un lit était la place :
La châtelaine y reposait;
Là, du mot « j'aime » on voit la trace;
Sans doute un page le disait.
Aujourd'hui, ton épais feuillage
De la fauvette est le séjour;
Et je devine, à son ramage,
Qu'on y fait encore l'amour.
    Giroflée, au printemps, etc.

L'amour se changeait donc en haine,
Lorsqu'il n'était point écouté?
Oui ; cet anneau vient de la chaîne
Où dut gémir mainte beauté.
La jeune Isaure y vit ses charmes
De baisers flétris et couverts;
Étais-tu là quand de ses larmes
La pauvre enfant mouillait ses fers?
    Giroflée, au printemps, etc.

Là-bas s'élève encor l'enceinte
Où le baron tenait sa cour.

De ce lieu, pour la Terre sainte,
En armes il partit un jour.
Mais, aux fureurs de l'infidèle,
Le Dieu vengeur l'abandonna :
Oh! qu'il maudit, loin de sa belle,
Le nom de preux qu'on lui donna !
  Giroflée, au printemps
  Viens orner la tourelle,
  Et que ta fleur nouvelle
  Rappelle le vieux temps.
SALGAT.

Le Retour de Pierre.

Pour aller venger la patrie,
Jeune encor, j'ai quitté les champs ;
Au silence de la prairie
A succédé le bruit des camps.
Plus d'une fois, pendant la guerre,
Songeant au bonheur du hameau,
 Je regrettais mon vieux père,
 Ma chaumière et mon troupeau.

Du serment de servir la France,
Vingt blessures m'ont dégagé ;
Mais j'emporte pour récompense
La croix du brave et mon congé.
Loin du tumulte de la guerre,
Je vivrai paisible au hameau ;
 Je reverrai mon vieux père,
 Ma chaumière et mon troupeau.

Braves soldats, mes frères d'armes,
Dont j'ai toujours suivi les pas,
Dans vos succès, dans vos alarmes,
Compagnons, ne m'oubliez pas.
Recevez les adieux de Pierre ;
Demain il retourne au hameau,

Revoir encor son vieux père,
Sa chaumière et son troupeau.

Si vers les rives de la France,
L'étranger marchait en vainqueur,
Le noble élan de la vaillance
Soudain ferait battre mon cœur.
Avec ardeur on verrait Pierre,
Pour chercher au loin son drapeau,
Quitter encor son vieux père,
Sa chaumière et son troupeau.

L'Amour filial.

Jeunes amants, cueillez des fleurs
Pour le sein de votre bergère;
L'Amour, par de tendres faveurs,
Vous en promet le doux salaire.
Plein d'un espoir encor plus doux,
Dès que le soleil nous éclaire,
Je cueille des fleurs, comme vous,
Pour parer le front de mon père.

Votre main, au bord des ruisseaux,
Prépare des lits de fougère;
Vous arrondissez des berceaux,
Pour servir d'asile au mystère.
Comme vous, de ces arbrisseaux,
Je courbe la tige légère,
Et de leurs flexibles rameaux
J'ombrage le front de mon père.

En accourant à son réveil,
Vous tremblez : que va-t-elle dire?
En sortant des bras du sommeil,
Mon père, tu vas me sourire.
Vous lui ravissez quelquefois
Un baiser qu'ignore sa mère;

Moi, chaque matin, je reçois
Le premier baiser de mon père.
DEMOUSTIER.

Suzon.

Suzon sortait de son village ;
On lui trouvait quelques appas ;
Ell' n'avait pas d'biens en partage,
Mais un bon cœur et de bons bras.
  Travaillez donc,
  Mam'sell' Suzon,
Travaillez donc, jeune et pauvre fillette ;
  Croyez-moi donc,
  Songez-y donc,
Travaillez donc, jeune et pauvre Suzon.
  Écoutez c'te voix qui répète
  Que l'argent ne donn' pas l'bonheur ;
  Et qu' lorsqu'on a la paix du cœur,
  Notre fortune est faite.

Bientôt un amant se présente ;
Il était jeune et riche encor ;
Le fripon, d'un' voix séduisante,
Offre son cœur et beaucoup d'or...
  Méfiez-vous donc,
  D'un pareil don,
Méfiez-vous donc, jeune et pauvre fillette ;
  Croyez-moi donc,
  Travaillez donc,
Travaillez donc, jeune et pauvre Suzon.
  Écoutez c'te voix qui répète
  Que l'argent ne donn' pas l' bonheur,
  Et qu' lorsqu'on a la paix du cœur,
  Notre fortune est faite.

Il n'parlait point de mariage ;
Il fallut le laisser partir ;

S'il est pénible d'être sage,
Il l'est bien plus de se r'pentir.
  Continuez donc,
  Profitez donc,
Continuez donc, jeune et pauvre fillette ;
  Croyez-moi donc,
  Travaillez donc,
Travaillez donc, jeune et pauvre Suzon.
 Écoutez c'te voix qui répète
 Que l'argent ne donn' pas l'bonheur,
 Et qu' lorsqu'on a la paix du cœur,
  Notre fortune est faite.

MARSOLLIER.

La Lettre de faire part.

Rose, l'intention d'la présente
Est d't'informer de ma santé.
L'armée française est triomphante,
Et moi j'ai l'bras gauche emporté.
Nous avons eu d'grands avantages ;
La mitraille m'a brisé les os.
Nous avons pris arm's et bagages ;
Pour ma part, j'ai deux ball's dans l'dos.

J't'écris à l'hôpital, d'où j'pense
Partir bientôt pour chez les morts.
J't'envoie dix francs qu'celui qui m'panse
M'a donnés pour avoir mon corps.
Je m'suis dit : Puisqu'il faut que j'file,
Et qu'ma Ros' perd son épouseur,
Ça fait que je mourrai plus tranquille
D' savoir que j'lui laiss' ma valeur.

Lorsque j'ai quitté ma vieill' mère,
Elle expirait sensiblement;
A l'arrivée d'ma lettr', j'espère
Qu'ell' sera morte entièrement.

Car, si la pauvr'femme est guérite,
Elle est si bonn' qu'elle est dans l'cas
De s'fair' mourir de mort subite
A la nouvell' de mon trépas.

J'te r'commande bien, ma p'tit' Rose,
Mon pauvre chien; n'l'abandonn' pas;
Et surtout n'lui dis pas la chose
Qui fait qu'il ne me r'verra pas;
Car lui, qui se faisait un' fête
De me voir rev'nir caporal,
Il pleurerait comme une bête
En apprenant mon sort fatal.

C'est tout d'même un' chos' qui m'enrage
D'êtr' fait mourir loin du pays;
Car lorsque l'on meurt au village,
On peut dire bonsoir aux amis;
On a sa place derrièr' l'église;
On a son nom sur un'croix d'bois;
Et l'on peut croir'que la payse
Y viendra prier quelquefois.

Adieu! Rose, adieu! du courage!
A nous r'voir il n'faut plus songer;
Car, au régiment où j'm'engage,
On n'vous accorde pas de congé.
V'là tout qui tourne.. j'n'y vois goutte...
Ah! c'est fini... j' sens que j'm'en vas!...
J'viens de r'cevoir ma feuille de route :
Adieu, Rose, adieu, n'm'oubli' pas!

Gentille Annette.

Gentille Annette,
Tu vas seulette
Sous la coudrette,
Chanter *la Robin des Bois.*

Pourquoi ?
C'est pour savoir si le printemps s'avance,
Pour chasser l'échéance
De nos climats d'hiver.
Tra la la la, etc.

Dans le village,
Sous le feuillage,
Tu surpasses, je gage,
Même la cour des rois.
Pourquoi ? etc.

Gentille hirondelle,
Déployant tes ailes,
Tu fuis avec elle
La coupe des bois.
Pourquoi ? etc.

Le beau Narcisse,
La croyant novice,
Près d'elle se glisse,
La suit pas à pas.
Pourquoi ? etc.

Hirondelle volage,
Parcourant le bocage,
Tu fuis à l'ombrage
Des pays déserts.
Pourquoi ? etc.

Adieu donc, ma belle,
Adieu donc, cruelle,
Jamais de nouvelles
Tu n'auras de moi.
Pourquoi ?
C'est pour savoir si le printemps s'avance,
Pour chasser l'échéance
De nos climats d'hiver.
Tra la la la, etc.

L'Amour marchand de plaisirs

L'Amour courait, cherchant pratique;
De plaisirs il était marchand.
Pour achalander sa boutique,
Il s'en allait partout, criant :
« Dans la saison d'aimer, de plaire,
Régalez-vous ; il faut jouir ;
Étrennez l'enfant de Cythère :
Mesdames, voilà le plaisir !   (*bis*)
    Régalez-vous, mesdames,
       Voilà le plaisir !

« Le temps s'envole, et sur sa trace
Fuient beauté, jeunesse et désir ;
Comme un éclair le plaisir passe ;
Au passage il faut le saisir.
Fillettes, dont le cœur palpite,
Régalez-vous ; pourquoi rougir ?
Au plaisir l'Amour vous invite ;
Fillettes, voilà le plaisir !   (*bis*)
    Régalez-vous, mesdames,
       Voilà le plaisir !

Au Mentor, au tyran sévère
Se dérober en tapinois ;
D'un jaloux tromper la colère,
Réduire un Argus aux abois ;
Par un peu de coquetterie
Sans cesse éveiller le désir,
Voilà le plaisir de la vie :
Mesdames, voilà le plaisir !   (*bis*)
    Régalez-vous, mesdames,
       Voilà le plaisir !

Dans le hameau, dans la campagne,
A la cour et chez les prélats,
A Rome, en France, dans l'Espagne,
Les plaisirs sont les meilleurs plats :

C'est le plaisir qui toujours reste ;
On ne le voit pas desservir ;
Jusqu'au dernier, d'une main leste,
On voit les rois mêmes l'offrir.
Mesdames, voilà le plaisir !   (*bis*)
   Régalez-vous, mesdames,
     Voilà le plaisir !

Mon adresse est chez le Mystère,
A l'enseigne du Rendez-vous ;
Venez, venez, j'ai votre affaire ;
J'ai du plaisir pour tous les goûts.
Bientôt le plaisir fut si preste,
Tant de chalands vinrent s'offrir.
Qu'Amour criait : « Au reste, au reste !
Hâtez-vous, ou point de plaisir :   (*bis*)
   Régalez-vous, mesdames,
     Voilà le plaisir ! »

Les Souhaits.

   Ma mie,
  Ma douce amie
Répond à mes amours.
   Fidèle
  A cette belle,
Je l'aimerai toujours.

  Si j'avais cent cœurs,
Ils ne seraient remplis que d'elle ;
  Si j'avais cent cœurs,
Aucun d'eux n'aimerait ailleurs.
   Ma mie, etc.

  Si j'avais cent yeux,
Ils seraient tous fixés sur elle ;
  Si j'avais cent yeux,
Ils ne verraient qu'elle en tous lieux.
   Ma mie, etc.

Si j'avais cent voix,
Elles ne parleraient que d'elle ;
Si j'avais cent voix,
Toutes rediraient à la fois :
Ma mie, etc.

Si j'étais un dieu,
Je voudrais la rendre immortelle ;
Si j'étais un dieu,
On l'adorerait en tout lieu.
Ma mie, etc.

Fussiez-vous cinq cents,
Vous seriez tous rivaux près d'elle ;
Fussiez-vous cinq cents,
Vous voudriez en être amants.
Ma mie, etc.

Eussiez-vous cent ans,
Nestor rajeunirait pour elle ;
Eussiez-vous cent ans,
Vous retrouveriez le printemps.
Ma mie,
Ma douce amie
Répond à mes amours.
Fidèle
A cette belle,
Je l'aimerai toujours.

Lattaignant.

Le Tambourin.

Entendez-vous le tambourin ?
Vite à la danse ; *(bis)*
Entendez-vous le tambourin
Qui met le villageois en train ?

Fi de la ville !
On y vit tranquille ;

Point de gaîté; l'on danse à petits pas.
 Au village on est plus habile;
 Au village on rit aux éclats.
 Entendez-vous le tambourin? etc.

 Eh quoi! Lisette,
 Vous n'êtes pas prête;
Votre fichu vous tient encore là?
 Déjà se gonfle la musette,
 Et Colin vous attend là-bas.
 Entendez-vous le tambourin? etc.

 L'amour invite,
 Et chacun s'agite.
Eh quoi! la nuit nous arrive déjà!
 Si la danse finit trop vite
 La chanson la remplacera.
 Entendez-vous le tambourin?
 Vite à la danse ;   (*bis*)
 Entendez-vous le tambourin
 Qui met le villageois en train?

Le Chevalier errant.

Dans un vieux château de l'Andalousie,
Au temps où l'amour se montrait constant,
Où beauté, valeur et galanterie
Guidaient au combat un fidèle amant;
Un beau chevalier un jour se présente,
Visière levée et la lance en main,
Il vient demander si sa douce amante
N'est pas, par hasard, chez le châtelain.

— Noble chevalier, quelle est votre amie?
Demande à son tour le vieux châtelain.
— Ah! des fleurs d'amour c'est la plus jolie;
Elle a teint de rose et peau de satin;

Elle a de beaux yeux dont le doux langage
Porte en notre cœur doux enchantements ;
Elle a tout enfin ; elle est belle et sage.
— Pauvre chevalier, chercherez longtemps.

— Depuis qu'ai perdu cette noble dame,
N'ai plus de repos, n'ai plus de plaisir ;
En chaque pays, guidé par ma flamme,
Vais cherchant l'objet de tous mes désirs.
Des Gaules j'ai vu les plaines fleuries,
Du Nord parcouru les climats lointains ;
J'ai trouvé partout des femmes jolies,
Mais fidèle amie, ah ! je cherche en vain.

Guidez de mes pas la marche incertaine,
Où puis-je trouver ce que j'ai perdu ?
— Mon fils, votre sort, hélas ! me fait peine ;
Ce que vous cherchez ne se trouve plus.
Poursuivez pourtant votre long voyage,
Et si rencontrez un pareil trésor,
Ne le perdez plus. Adieu ! bon courage. »
L'amant repartit, mais il cherche encor.

Savez-vous pourquoi cet amant fidèle
N'a pas retrouvé ce qu'il a perdu ?
C'est que, pour chercher les pas de sa belle,
Dans notre pays il n'est pas venu ;
Si, pour abréger sa peine cruelle,
Le vieux châtelain l'eût conduit ici,
Il aurait trouvé des femmes fidèles,
Et son long voyage eût été fini.

Plaisir d'amour.

Plaisir d'amour ne dure qu'un moment ;
Chagrin d'amour dure toute la vie.
J'ai tout quitté pour l'ingrate Sylvie ;
Elle me fuit et prend un autre amant.

Plaisir d'amour ne dure qu'un moment ;
Chagrin d'amour dure toute la vie.

Tant que cette eau coulera lentement
Vers le ruisseau qui borde la prairie,
Je t'aimerai, me répétait Sylvie.
L'eau coule encor; elle a changé pourtant.
Plaisir d'amour ne dure qu'un moment ;
Chagrin d'amour dure toute la vie.

La Vie est un voyage.

La vie est un voyage,
  Tâchons de l'embellir ;
Jetons sur son passage
  Les roses du plaisir.   (*ter*)
Dans l'âge heureux de la jeunesse,
L'amour nous flatte ; il nous caresse ;
Il nous présente le bonheur ;
Puis il s'envole ; on voit l'erreur.
    Hélas ! que faire ?
    Tâcher de plaire.   (*bis*)
Du bien présent savoir jouir,
Sans trop songer à l'avenir.   (*ter*)

A la ville, au village,
  On n'est content de rien ;
Pensons comme le sage
  Qui dit que tout est bien.   (*ter*)
Le bonheur n'est qu'imaginaire ;
Chacun sourit à sa chimère ;
Chantons, célébrons tour à tour
Bacchus, le plaisir et l'Amour.
    Que sous la treille
    Le plaisir veille.   (*bis*)
Tenant le flambeau de l'Amour,
Bacchus sera le dieu du jour.   (*ter*)
                MOREL.

La Fête des bonnes gens.

L'amitié vive et pure
Donne ici des plaisirs vrais ;
C'est la simple nature
Qui pour nous en fait les frais.
Gaîté franche, amour honnête,
Ramènent le bon vieux temps.
Chez nous, c'est encor la fête,
La fête des bonnes gens.

Chez nous le mariage
N'est que l'accord de deux cœurs.
D'un si doux esclavage
Les nœuds sont tissus de fleurs.
Du bonheur on est au faîte,
Sitôt qu'on a des enfants.
En famille on fait la fête,
La fête des bonnes gens.

La bergère sévère
Prend gaîment le verre en main ;
L'Amour au fond du verre
Se glisse et passe en son sein.
Pour l'amant quelle conquête !
Tous deux en sont plus charmants.
L'amour embellit la fête,
La fête des bonnes gens.

Par de grands airs tragiques
A la ville on attendrit ;
Par des concerts rustiques
Au village on réjouit.
Sans vous fatiguer la tête
Par des accords trop savants,
Venez tous rire à la fête,
La fête des bonnes gens.

LOURDET DE SANTERRE.

Le petit Mari.

Mon père m'a donné un mari ;
    Mon Dieu ! quel homme,
    Quel petit homme !
Mon père m'a donné un mari ;
    Mon Dieu ! quel homme,
    Qu'il est petit !

D'une feuille on fit son habit ;
    Mon Dieu ! quel homme,
    Quel petit homme !
D'une feuille on fit son habit ;
    Mon Dieu ! quel homme,
    Qu'il est petit !

Le chat l'a pris pour un' souris ;
    Mon Dieu ! quel homme,
    Quel petit homme !
Le chat l'a pris pour un' souris ;
    Mon Dieu ! quel homme,
    Qu'il est petit !

Au chat ! au chat ! c'est mon mari ;
    Mon Dieu ! quel homme,
    Quel petit homme !
Au chat ! au chat ! c'est mon mari ;
    Mon Dieu ! quel homme,
    Qu'il est petit !

Je le couchai dedans mon lit ;
    Mon Dieu ! quel homme,
    Quel petit homme !
Je le couchai dedans mon lit ;
    Mon Dieu ! quel homme,
    Qu'il est petit !

De mon lacet je le couvris ;
    Mon Dieu ! quel homme,

Quel petit homme !
De mon lacet je le couvris ;
   Mon Dieu ! quel homme,
   Qu'il est petit !

Le feu à la paillasse a pris ;
   Mon Dieu ! quel homme,
   Quel petit homme !
Le feu à la paillasse a pris ;
   Mon Dieu ! quel homme,
   Qu'il est petit !

Mon petit mari fut rôti ;
   Mon Dieu ! quel homme,
   Quel petit homme !
Mon petit mari fut rôti ;
   Mon Dieu ! quel homme,
   Qu'il est petit !

Pour me consoler, je me dis :
   Mon Dieu ! quel homme,
   Quel petit homme !
Pour me consoler, je me dis :
   Mon Dieu ! quel homme,
   Qu'il est petit !

Pauline.

Si Pauline est dans l'indigence,
Moi, grâce au ciel, j'ai de l'argent ;
Pour une honnête et douce aisance,
Mon avoir sera suffisant.
A la compagne de sa vie,
On doit offrir un sort heureux.
Ah ! quand on prend femme jolie,
Il faut avoir du bien pour deux.

Loin d'elle je prétends sans cesse
Chasser le chagrin, le souci ;

Et si parfois de la tristesse
Elle éprouve le sombre ennui,
J'égayerai ma douce amie,
Car moi je suis toujours joyeux.
Ah! quand on prend femme jolie
Il faut de la gaîté pour deux.

Pauline, au printemps de son âge,
A peine touche à ses quinze ans;
Les travaux, les soins du ménage
Pour elle seront fatigants.
Mais j'aiderai ma douce amie;
Je me sens fort et courageux.
Ah! quand on prend femme jolie,
Il faut de la santé pour deux.

RADET.

L'Ermite de Sainte-Avelle.

Aux rochers de Sainte-Avelle,
La reine Berthe, autrefois,
Fit bâtir une chapelle
A Notre-Dame des Bois.
Ce fut dans ce lieu sauvage
Qu'un jour, lisant son missel,
L'ermite du voisinage
Reçut un beau damoisel.

Bien que le vieillard, d'avance,
Cherchât à le rassurer,
L'étranger, en sa présence,
Soudain se prit à pleurer.
« Mon fils, dit le solitaire,
Parlez, d'où naissent vos pleurs?
— Hélas! je n'ose, mon père,
Vous avouer mes douleurs.

Pour avoir de noble dame
Obtenu simple baiser,

Je vais, brûlant d'une flamme
Que rien ne peut apaiser.
Oh! dites-moi, je vous prie,
Par quel charme si fatal,
Le doux baiser d'une amie
Est cause de tant de mal?

Si je dors, un trouble extrême
Précipite mon réveil;
Et je ne peux, la nuit même,
Reposer dans mon sommeil.
Tout vient irriter ma peine;
Tout m'offre le souvenir
De la belle châtelaine
Dont les baisers font mourir.

Mais le sire de Contade
La tient sous sa dure loi,
Et j'apprends qu'à la croisade
Il me faut suivre le roi.
Je viens donc ici, mon père,
Vous demander instamment
Ou croix bénite ou rosaire
Pour apaiser mon tourment.

— Mon fils, répondit l'ermite,
De Notre-Dame des Bois
Le pouvoir est sans limite,
Et le ciel s'ouvre à sa voix;
Mais, hélas! sur cette terre,
Où l'homme ne vit qu'un jour,
Il n'est ni croix ni rosaire
Qui guérisse de l'amour. »

M. S. E. GÉRAUD.

Leçon d'une Mère à sa Fille.

Cet étang,
Qui s'étend
Dans la plaine,
Reflète au sein de ses eaux
Ces verdoyants ormeaux
Où le pampre s'enchaîne;
Un ciel pur,
Un azur
Sans nuages
Vivement s'y réfléchit;
Le tableau s'enrichit
D'images.

Mais tandis que l'on admire
Cette onde où le ciel se mire,
Un zéphir
Vient ternir
Sa surface;
D'un souffle il confond les traits;
L'éclat de tant d'objets
S'efface.

Un désir,
Un soupir,
Oh! ma fille!
Peut ainsi troubler un cœur
Où se peint la candeur,
Où la sagesse brille :
Le repos
Sur ces eaux
Peut renaître;
Mais il se perd sans retour
Dans un cœur dont l'amour
Est maître.

FAVART.

L'Avaricieuse.

Philis, plus avare que tendre,
Ne gagnant rien à refuser,
Un jour exigea de Sylvandre
Trente moutons pour un baiser.

Le lendemain, nouvelle affaire :
Pour le berger le troc fut bon ;
Car il obtint de la bergère
Trente baisers pour un mouton.

Le lendemain, Philis, plus tendre,
Craignant de déplaire au berger,
Fut trop heureuse de lui rendre
Trente moutons pour un baiser.

Le lendemain, Philis, peu sage,
Aurait donné moutons et chien
Pour un baiser que le volage
A Lisette donnait pour rien.

DUFRESNY.

La Curieuse.

L'Amour est un enfant trompeur,
   Me dit souvent ma mère ;
Avec son air plein de douceur,
   C'est pis qu'une vipère.
Je voudrais bien savoir pourtant
Quel mal si grand, d'un jeune enfant,
   Peut craindre une bergère.

Je vis hier le beau Lucas,
   Assis près de Glycère ;
Il lui parlait tout près, tout bas,
   Et, d'un air bien sincère,
Il lui vantait un dieu charmant ;

Ce dieu, c'était précisément
    L'enfant que craint ma mère.

Pour sortir de cet embarras,
    Et savoir le mystère,
Cherchons l'Amour avec Colas,
    Sans rien dire à ma mère ;
Et, supposé qu'il soit méchant,
Nous serons deux contre un enfant :
    Quel mal peut-il nous faire ?

Nina.

Quand le bien-aimé reviendra
Près de sa languissante amie,
Le printemps alors renaîtra,
L'herbe sera toujours fleurie.
Mais je regarde : hélas, hélas!
Le bien-aimé ne revient pas.

Oiseaux, vous chanterez bien mieux,
Quand du bien-aimé la voix tendre
Vous peindra ses transports, ses feux,
Car c'est à lui de vous l'apprendre.
Mais, mais j'écoute : hélas, hélas!
Le bien-aimé ne revient pas.

Échos, que j'ai lassés cent fois
De mes regrets, de ma tristesse,
Il revient ; peut-être sa voix
Redemande aussi sa maîtresse.
Paix ! il appelle : hélas, hélas!
Le bien-aimé n'appelle pas.

L'Émigration du Plaisir.

Effrayé des maux que la guerre
Sur la France allait attirer,
Le Plaisir cherchait une terre
Sur laquelle il pût émigrer. (bis)
La Prusse, l'Autriche, l'Espagne
Présentent en vain leurs États ;
L'Espagnol ne plaisante pas ;
On ne rit point en Allemagne. (bis)

Il s'en va tout droit en Russie ;
Mais le climat, par ses rigueurs,
Rend d'abord sa suite engourdie,
Et lui-même y perd ses couleurs. (bis)
Catherine en vain lui propose
De son palais le brillant toit :
Pense-t-on qu'à mourir de froid
Le Plaisir près d'elle s'expose ? (bis)

Le Plaisir ne calcule guère ;
Il fait en peu bien du chemin.
Sans y songer, en Angleterre,
Il se trouve le lendemain. (bis)
Le lord-maire vers lui s'avance
Et le présente au parlement :
Sortons, dit-il, très-promptement ;
On y bâille plus qu'on n'y pense. (bis)

Il dirige ses pas vers Rome ;
Cette ville, où régnaient les arts,
Ne lui montre qu'un petit homme
Sur le grand trône des Césars. (bis)
Il demande des vers d'Horace,
On lui donne des *oremus* ;
Et dans le pays des *agnus*,
Que veut-on que le Plaisir fasse ? (bis)

— Hélas ! comment rentrer en France ?
Je suis sans papier et sans or.

Jadis on m'a fait quelque avance ;
On m'en ferait peut-être encor..... (bis)
Aussitôt qu'il met pied à terre,
Il aperçoit la Liberté.....
Que peut craindre un enfant gâté,
Qui tombe aux genoux de sa mère ! (bis)

BOURDIC-BIOT.

Estelle.

Ah ! s'il est dans votre village
Un berger sensible et charmant,
Qu'on chérisse au premier moment,
Qu'on aime ensuite davantage ;
C'est mon ami : rendez-le moi ;
J'ai son amour, il a ma foi.

Si par sa voix tendre et plaintive
Il charme l'écho de vos bois,
Si les accents de son hautbois
Rendent la bergère pensive ;
C'est encor lui : rendez-le moi ;
J'ai son amour, il a ma foi.

Si même en n'osant rien vous dire,
Son seul regard sait attendrir ;
Si sans jamais faire rougir,
Sa gaîté fait toujours sourire ;
C'est encor lui : rendez-le moi ;
J'ai son amour, il a ma foi.

Si, passant près de sa chaumière,
Le pauvre, en voyant son troupeau,
Ose demander un agneau,
Et qu'il obtienne encore la mère ;
Oh ! c'est bien lui : rendez-le moi ;
J'ai son amour, il a ma foi.

FLORIAN.

Romance du Saule.

Charmant vallon, le plus doux des déserts,
Où souvent, seul, j'ai cherché la nature,
J'entends déjà ton ruisseau qui murmure ;
Je vois enfin tes saules toujours verts.
Chantez le saule et sa douce verdure.

Oui, les voilà, ces ramiers amoureux,
Ces monts, ces bois, ces prés, cette onde pure!
Ah! devrais-tu, riche et simple nature,
T'offrir si belle à l'œil du malheureux?
Chantez le saule et sa douce verdure.

Songe si doux, qui m'as flatté longtemps,
Crédule espoir, n'es-tu qu'une imposture?
Hélas! ce champ me donne avec usure
Ce que ses fleurs m'ont promis au printemps.
Chantez le saule et sa douce verdure.

L'abeille au moins ne blesse en son courroux
Que l'ennemi qui brave sa piqûre.
Cruels humains, auteurs de mon injure,
Je vous aimais, et je meurs par vos coups.
Chantez le saule et sa douce verdure.

Me voilà donc, saule cher au malheur,
Sous tes rameaux, nourrissant ma blessure!
Ah! dis au vent, dis à l'eau qui murmure,
En s'enfuyant d'emporter ma douleur.
Chantez le saule et sa douce verdure.

Puisse bientôt, ce sont mes derniers vœux,
Quelque pasteur, voyant ma sépulture,
Dire en passant : On trompa sa droiture;
Il fut sensible et mourut malheureux!
Chantez le saule et sa douce verdure.

Ducis.

La Fille-Oiseau.

Une fille est un oiseau
Qui semble aimer l'esclavage,
Et ne chérir que la cage
Qui lui servit de berceau.
Sa gaîté, son badinage,
Ses caresses, son ramage
Font croire que tout l'engage
Dans un séjour plein d'attraits;
Mais, ouvrez-lui la fenêtre,
Zeste, on le voit disparaître
Pour ne revenir jamais.

SEDAINE.

La fille à Nicolas.

La danse n'est pas ce que j'aime,
Mais c'est la fille à Nicolas;
Lorsque je la tiens par le bras,
Alors mon plaisir est extrême;
Je la presse contre moi-même;
Et puis nous nous parlons tout bas :
Que je vous plains, vous ne la verrez pas.

Elle a quinze ans, moi j'en ai seize.
Ah! si la mère Nicolas
N'était pas toujours sur nos pas!
Eh bien! quoique cela déplaise,
Auprès d'elle je suis bien aise;
Et puis nous nous parlons tout bas:
Que je vous plains, vous ne la verrez pas.

L'Éducation de l'Amour.

Quand l'Amour naquit à Cythère,
On s'intrigua dans le pays.
Vénus dit : Je suis bonne mère;
C'est moi qui nourrirai mon fils.
Mais l'Amour, malgré son jeune âge,
Trop attentif à tant d'appas,
Préférait le vase au breuvage,
Et l'enfant ne profitait pas.

Ne faut pourtant pas qu'il pâtisse,
Dit Vénus, parlant à sa cour :
Que la plus sage le nourrisse;
Songez toutes que c'est l'Amour.
Soudain la Candeur, la Tendresse,
L'Égalité viennent s'offrir,
Et même la Délicatesse;
Nulle n'avait de quoi nourrir.

On penchait pour la Complaisance;
Mais l'enfant eût été gâté.
On avait trop d'expérience
Pour penser à la Volupté.
Enfin, sur ce choix d'importance,
Cette cour ne décidant rien,
Quelqu'un proposa l'Espérance,
Et l'enfant s'en trouva fort bien.

On prétend que la Jouissance,
Qui croyait devoir le nourrir,
Jalouse de la préférence,
Guettait l'enfant pour s'en saisir :
Prenant les traits de l'Innocence,
Pour berceuse elle vint s'offrir,
Et la trop crédule Espérance
Eut le malheur d'y consentir.

Un jour advint que l'Espérance,
Voulant se livrer au sommeil,

Remit à la fausse Innocence
L'enfant jusques à son réveil :
Alors la trompeuse déesse
Donne bonbons à pleines mains ;
L'Amour d'abord fut dans l'ivresse,
Mais mourut bientôt sur son sein.

Les Adieux de la Tulipe.

Malgré la bataille
Qu'on livre demain,
Ça, faisons ripaille,
Belle à l'œil mutin.
Attendant la gloire,
Prenons le plaisir,
Sans lire au grimoire
Du sombre avenir.

Si la hallebarde
Je peux mériter,
Près du corps de garde
Je te fais rester,
Ayant la dentelle,
Le soulier brodé,
L'anneau à l'oreille,
Le chignon cardé.

Narguant tes compagnes,
Méprisant leurs vœux,
J'ai fait deux campagnes,
Brûlé de tes feux.
Digne de la pomme,
Tu reçus ma foi,
Et jamais rogome
Ne fut bu sans toi.

Tiens, serre ma pipe,
Garde mon briquet ;

Et si la Tulipe
Fait le noir trajet,
Que tu sois la seule
Dans le régiment
Qu'ait le brûle-gueule
De son cher amant.

Ah ! retiens tes larmes ;
Calme ton chagrin ;
Au nom de tes charmes,
Achève ton vin.
Mais, quoi ! de nos bandes,
J'entends les tambours ?
Gloire, tu commandes :
Adieu, mes amours !

Mangenot.

La nouvelle Bourbonnaise.

La Bourbonnaise,
Arrivant à Paris,
A gagné des louis,
La Bourbonnaise,
A gagné des louis
Chez un marquis.

Pour apanage
Elle avait la beauté ;
Elle avait la beauté
Pour apanage,
Mais ce petit trésor
Lui vaut de l'or.

Étant servante
Chez un riche seigneur,
Elle fit son bonheur,
Quoique servante,

Elle fit son bonheur
Par son humeur.

Toujours facile
Aux discours d'un amant,
Ce seigneur, la voyant
Toujours facile,
Prodiguait les présents
De temps en temps.

De bonnes rentes
Il lui fit un contrat;
Il lui fit un contrat
De bonnes rentes;
Elle est dans la maison
Sur le grand ton.

De paysanne
Elle est dame à présent;
Elle est dame à présent,
Mais grande dame,
Portant des falbalas
Du haut en bas.

En équipage,
Elle roule grand train;
Elle roule grand train
En équipage,
Et préfère Paris
A son pays.

Elle est allée
Se faire voir en cour;
Se faire voir en cour
Elle est allée;
On dit qu'elle a, ma foi,
Plu même au roi.

Filles gentilles,
Ne désespérez pas :

>   Quand on a des appas,
>   Qu'on est gentille,
>   On trouve tôt ou tard
>   Pareil hasard.

La Sans-Gêne.

Cette chanson est une critique ingénieuse des modes qui parurent en France sous le Directoire et qui déshabillèrent si hardiment nos grands-mères.

>   Grâce à la mode,
>   On n'a plus de cheveux;
>   On n'a plus de cheveux :
>   Ah ! qu'c'est commode !
>   On n'a plus de cheveux;
>   On dit qu'c'est mieux.

>   Grâce à la mode,
>   On s'en va sans façon;
>   On s'en va sans façon :
>   Ah ! qu'c'est commode !
>   On s'en va sans façon
>   Et sans jupon.

>   Grâce à la mode,
>   On n'a plus de fichu;
>   On n'a plus de fichu :
>   Ah ! qu'c'est commode !
>   On n'a plus de fichu;
>   Tout est déchu.

>   Grâce à la mode,
>   Plus d'poche au vêtement;
>   Plus d'poche au vêtement :
>   Ah ! qu'c'est commode !
>   Plus d'poche au vêtement
>   Et plus d'argent.

Grâce à la mode,
On n'a plus de corset ;
On n'a plus de corset :
Ah ! qu'c'est commode !
On n'a plus de corset ;
C'est plus tôt fait.

Grâce à la mode,
Une chemis' suffit ;
Une chemis' suffit :
Ah ! qu'c'est commode !
Une chemis' suffit :
C'est tout profit.

Grâce à la mode,
On n'a qu'un vêtement ;
On n'a qu'un vêtement :
Ah ! qu'c'est commode !
On n'a qu'un vêtement
Qu'est transparent.

Grâce à la mode,
On n'a rien de caché ;
On n'a rien de caché :
Ah ! qu'c'est commod' !
On n'a rien de caché :
J'en suis fâché.

DESPRÉAUX

Le Petit-Maître.

Ainsi doit être
Un petit-maître :
Léger, amusant,
Vif, complaisant,
Plaisant,
Railleur aimable,
Traître adorable :

C'est l'homme du jour,
Fait pour l'amour.

D'un fade langage,
D'un froid persiflage,
Il fait un vain étalage;
Il veut tout savoir,
Il veut tout voir;
Surtout il chicane
Et ricane,
Jugeant de tout
Sans goût.
Ainsi doit être, etc.

De la femme qu'il aura
Bientôt il se lassera :
On s'attend bien à cela;
Mais chacun a de son côté
Même liberté,
Et rien ne sera gâté.
A peine on le voit
Sous le même toit.
Chacun, comme étranger,
Peut vivre à sa guise,
Et s'arranger
Sans qu'on s'en formalise.
Ainsi doit être, etc.

L'esprit dégagé
De tout préjugé,
Un goût, un caprice
Le prendra pour quelque actrice,
Il la meublera
Et l'étalera,
Et dans la coulisse
D'un souper lui parlera.
Ils vont à l'écart
Sur le rempart
En désobligeante,
Et près de l'infante,

Il parle d'abord
Et donne essor
Aux malins traits.
L'absent a tort,
Et les bons mots
Sont les plus sots propos.
On parle vers,
Concerts,
Bijoux,
Ragoûts,
Chevaux,
Romans nouveaux,
Pagodes,
Modes ;
On médit,
On s'attendrit,
On rit ;
Grand bruit
Au fruit ;
Ensuite au bal on achève la nuit.

Le matin, mis comme un valet,
Pâle et défait,
Monsieur, dans un cabriolet,
Part comme un trait,
Et pousse deux
Chevaux fougueux
Qui, secouant leurs crins poudreux,
Renversent ceux
Qui sont près d'eux,
En galopant,
En s'échappant ;
Dans ce fracas,
Doublant le pas,
Notre moderne phaéton,
Prenant un ton,
Va chez plusieurs femmes de nom,
Leur fait la cour pour les trahir,
Les aime, comme on doit haïr ;
Ensuite, il envoie un coureur

Chez le Maignan, chez l'Empereur,
Demander des assortiments,
Des rivières de diamants,
Pour sa déesse d'Opéra
  Qui bientôt s'en rira.
    Ainsi doit être
    Un petit-maître ;
  Libre en ses désirs,
De plaisirs en plaisirs
  Sans cesse il vole ;
  Toujours frivole,
C'est l'homme du jour
  Fait pour l'amour.

FRANÇOIS DE NEUFCHATEAU.

Ressemblance et Différence.

Mars et l'Amour en tous lieux
Savent triompher tous deux ;
  Voilà la ressemblance.
L'un règne par la fureur,
Et l'autre par la douceur ;
  Voilà la différence.

Le voleur et le tailleur
Du bien d'autrui font le leur ;
  Voilà la ressemblance.
L'un vole en nous dépouillant,
Et l'autre en nous habillant ;
  Voilà la différence.

L'amourette et le procès
Tous deux causent bien des frais ;
  Voilà la ressemblance.
Dans l'un on gagne en perdant ;
Dans l'autre on perd en gagnant ;
  Voilà la différence.

Clitandre se plaint d'Iris ;
Damon se plaint de Laïs ;
  Voilà la ressemblance.
L'un murmure des rigueurs ;
L'autre gémit des faveurs ;
  Voilà la différence.

Belle femme et bon mari
Font aisément un ami ;
  Voilà la ressemblance.
L'une, en se servant des yeux,
L'autre, en les fermant tous deux ;
  Voilà la différence.

Un rien détruit une fleur ;
Un rien fait périr l'honneur ;
  Voilà la ressemblance.
La fleur peut renaître un jour ;
L'honneur se perd sans retour :
  Voilà la différence.

Par gens prudents et discrets
Clystère et contrat sont faits ;
  Voilà la ressemblance.
L'un est fait pour engager,
Et l'autre pour dégager ;
  Voilà la différence.

Le chasseur et l'amoureux
Battent le buisson tous deux ;
  Voilà la ressemblance.
Bien souvent, dans le taillis,
L'un attrape et l'autre est pris ;
  Voilà la différence.

Clef de fer et clef d'argent
Ouvrent tout appartement ;
  Voilà la ressemblance.
Le fer ouvre avec fracas ;
L'argent sans bruit et tout bas ;
  Voilà la différence.

La douceur et la beauté
Font notre félicité ;
　Voilà la ressemblance.
La beauté deux ou trois ans ;
La douceur dans tous les temps ;
　Voilà la différence.

Hippocrate et le canon
Nous dépêchent chez Pluton ;
　Voilà la ressemblance.
L'un le fait pour de l'argent,
Et l'autre gratuitement ;
　Voilà la différence.

Adolescens et barbons
Pour aimer ne sont point bons ;
　Voilà la ressemblance.
Il n'est pas temps à quinze ans ;
A soixante il n'est plus temps ;
　Voilà la différence.

L'amour cause des désirs
Et donne aussi des plaisirs ;
　Voilà la ressemblance.
Le désir est son berceau ;
Le plaisir est son tombeau ;
　Voilà la différence.

Le perroquet et l'acteur
Tous deux récitent par cœur ;
　Voilà la ressemblance.
Devant le monde assemblé,
L'un siffle, l'autre est sifflé ;
　Voilà la différence.

Critiquer, satiriser,
C'est aux abus s'opposer ;
　Voilà la ressemblance.
Par l'un on veut outrager ;

Par l'autre on veut corriger ;
Voilà la différence.

PANARD.

Reproches à Catherine.

Ton humeur est, Catherine,
Plus aigre qu'un citron vard ;
On ne sait qui te chagrine,
Ni qui gagne, ni qui pard.
Qu'on soit sage ou qu'on badeine
Avec toi c'est choux pour choux ;
Comme un vrai fagot d'épeine,
Tu piques par tous les bouts.

Si je parle, tu t'offenses ;
Tu grognes, si je me tais ;
Lorsque je me plains, tu danses ;
Quand je ris, je te déplais.
A ton oreille mal faite
Mes chansons ne valent rien,
Et ma tant douce musette
N'est qu'un instrument de chien.

Cependant, quoi que tu dises,
Je ne puis quitter ces lieux ;
Et, quoique tu me méprises,
Pourtant je suivrai tes yeux.
Je m'en veux mal à moi-même ;
Mais quand on est amoureux,
Un cheveu de ce qu'on aime
Tire plus que quatre bœufs.

D'un pot plein de marjolaine,
Quand je te fis un présent,
Aussitôt, pour mon étrenne,
Tu le cassis, moi présent.

Si j'avais cru mon courage,
Après ce biau grand merci,
Ma main, qui bouillait de rage,
T'eut cassé la gueule aussi.

Pour te mettre en oubliance,
A d'autres j'ai fait la cour ;
Mais, par cette manigance,
Tu m'as baillé plus d'amour.
Je crois que tu m'ensorcelles ;
Car, à mes yeux ébaubis,
Auprès de toi, les plus belles
Ne me sont que du pain bis.

L'autre jour, d'un air honnête,
Quand je t'otis mon chapiau,
Plus vite qu'une arbalète,
Tu le fis sauter dans l'iau ;
Et puis, d'un ton d'arrogance,
Sans dire ni qui, ni quoi,
Tu me baillis l'ordonnance
De m'approcher loin de toi.

Chacune de tes deux joues
Semble une pomme d'api ;
Comme deux morceaux de roues
Sont tout à point tes sourcils.
Tes yeux, plus noirs que des marles,
Semblent mouches dans du lait ;
Et tes dents, un rang de parles
Aussi blanches que du lait.

Par la morgué ! c'est dommage
Que tant de rares beautés
Ne me soient, pour tout partage,
Qu'un sac plein de duretés.
Quand ton humeur est revêche,
Je rumine en mon cerviau ;
Et tu me semble une pêche
Dont ton cœur est le noyau.

Le soleil, qui fond la glace,
N'est pas plus ardent que moi.
Comme un gueux de sa besace,
Je me sens jaloux de toi.
Au grand Colas qui te lorgne
Je veux pocher les deux yeux,
Ou du moins en faire un borgne,
Si je ne puis faire mieux.

Sangué ! vois-tu, Catherine,
Je n'y saurais plus tenir ;
Je crève dans ma poitrine ;
Il faut changer ou finir.
Tu me prends pour une bûche
Parce que j'ai l'air benin ;
Mais tant à l'eau va la cruche,
Qu'elle se casse à la fin.

L'Amant discret.

L'amant frivole et volage
Chante partout ses plaisirs ;
Le berger discret et sage
Cache jusqu'à ses désirs.
Telle est mon ardeur extrême.
Mon cœur, soumis à ta loi,
Te dit sans cesse qu'il aime,
Pour ne le dire qu'à toi.

Sur une écorce légère,
Amants, tracez votre ardeur ;
Le beau nom de ma bergère
N'est gravé que dans mon cœur.
Je n'ose occuper ma lyre
A chanter un nom si doux ;
Écho pourrait le redire,
Et je serais trop jaloux.

Corinne à feindre m'engage,
Pour mieux tromper les témoins.
Ce qui lui plaît davantage
Semble me plaire le moins ;
L'herbe, où son troupeau va paître,
Voit le mien s'en écarter ;
Et je semble méconnaître
Son chien, qui vient me flatter.

Vous qu'un fol amour inspire,
Connaissez mieux le plaisir :
Vous n'aimez que pour le dire ;
Nous n'aimons que pour jouir.
Corinne, que ce mystère
Dure autant que nos amours ;
L'amant content doit se taire ;
Fais-moi taire pour toujours.

Gentil Bernard.

Les Regrets.

Je te perds, fugitive espérance ;
L'infidèle a rompu tous nos nœuds.
Pour calmer, s'il se peut, ma souffrance,
Oublions que je fus trop heureux.

Qu'ai-je dit? Non, jamais, de mes chaînes,
Nul effort ne saurait m'affranchir.
Ah! plutôt, au milieu de mes peines,
Conservons un si doux souvenir.

Ah ! reviens, séduisante espérance ;
Ah! reviens ranimer tous mes feux ;
De l'amour, quel que soit la souffrance,
Tant qu'on aime, on n'est pas malheureux.

Toi, qui perds un amant si sensible,
Ne crains rien de son cœur généreux,

Te haïr, ce serait trop pénible ;
T'oublier est encor plus affreux.
LALIÉ.

La Chanson de Lisette.

Lise chantait dans la prairie,
En faisant paître son troupeau ;
Blaise à sa voix bientôt marie
Les accents de son chalumeau.
Le fripon suivit la coquette ;
Il la suivit jusqu'au hameau,
En essayant sur sa musette
La chanson que chantait Lisette.

En s'en retournant au village,
Elle lui jeta son bouquet ;
Il le rapporta, mais je gage,
Pour le remettre à son corset.
Il le rendit à la coquette,
L'attacha d'un air satisfait,
Et répéta sur sa musette
La chanson que chantait Lisette.

Le soir, en dansant sur l'herbette,
Blaise et moi nous dansions tous deux ;
Mais il me quitta pour Lisette
Qui vint se mêler à nos jeux.
Il s'en fut avec la coquette ;
Le plaisir brillait dans ses yeux ;
Et je redis sur ma musette
La chanson que chantait Lisette.
MONVEL.

La pitié n'est pas de l'amour.

Lorsque, dans une tour obscure,
Ce jeune homme est dans la douleur,
Mon cœur, guidé par la nature,
Doit compatir à son malheur.
Si j'entends sa plainte touchante,
Je reste triste tout le jour :
Maman, ne sois pas mécontente ;
La pitié n'est pas de l'amour.

Quand, à ma fenêtre discrète,
J'écoute ses plaintifs accents,
D'intérêt ma bouche est muette,
Je crois toujours que je l'entends.
Je resterais là, quand il chante,
Toute la nuit et tout le jour :
Maman, ne sois pas mécontente ;
La pitié n'est pas de l'amour.

Un jour, sa romance était tendre ;
Elle enchanta tous mes esprits ;
Je ne cherchais pas à l'apprendre,
Et, sans le vouloir, je l'appris.
Depuis ce temps-là je la chante,
Je la répète nuit et jour....
Maman, ne sois pas mécontente ;
La pitié n'est pas de l'amour.
     Alexandre Duval.

La Marguerite.

Une jeune fille, s'avançant :

Où est la Marguerite ?
Oh ! gai, oh ! gai, oh ! gai ;
Où est la Marguerite ?
Oh ! gai, franc cavalier.

(Les fillettes entourent la Marguerite et soulèvent sa robe au-dessus de sa tête.)

Elle est dans son château ;
Oh ! gai, etc.

La jeune fille.

Ne pourrait-on la voir ?
Oh ! gai, etc.

Les autres.

Les murs en sont trop hauts ;
Oh ! gai, etc.

La jeune fille.

J'en abattrai une pierre ;
Oh ! gai, etc.

(Elle emmène avec elle une des fillettes.)

Les autres.

Une pierre ne suffit pas ;
Oh ! gai, etc.

La jeune fille.

J'en abattrai deux pierres ;
Oh ! gai, etc.

(Elle emmène une autre personne.)

Les autres.

Deux pierres ne suffisent pas ;
Oh ! gai, etc.

La jeune fille.

J'en abattrai trois pierres ;
Oh ! gai, etc.

(Même jeu et même réponse, jusqu'à ce que toutes les fillettes soient emmenées par la première. La marguerite reste dans sa robe.)

La 1re jeune fille, sans chanter.

Qu'est-ce qu'il y a là dedans ?

Réponse.

Un petit paquet de linge à blanchir.

La jeune fille.

Je vais chercher mon petit couteau pour le couper.

La Vieille.

A Paris, dans une ronde,
Composée de jeunes gens,
Il se trouva une vieille,
Agée de quatre-vingts ans !
Ah ! la vieille, la vieille, la vieille,
Qui croyait avoir quinze ans !

Il se trouva une vieille,
Agée de quatre-vingts ans ;
Elle choisit le plus jeune,
Qui était le plus galant :
Ah ! la vieille, etc.

Elle choisit le plus jeune,
Qui était le plus galant ;
— Va-t'en, va-t'en, bonne vieille ;
Tu n'as pas assez d'argent.
Ah ! la vieille, etc.

Va-t'en, va-t'en, bonne vieille,
Tu n'as pas assez d'argent.
— Si vous saviez c' qu'a la vieille,
Vous n'en diriez pas autant.
Ah ! la vieille, etc.

Si vous saviez c' qu'a la vieille,
Vous n'en diriez pas autant.
— Dis-nous donc ce qu'a la vieille ?
— Elle a dix tonneaux d'argent.
Ah ! la vieille, etc.

— Dis-nous donc ce qu'a la vieille?
— Elle a dix tonneaux d'argent.
— Reviens, reviens, bonne vieille ;
Marions-nous promptement.
Ah ! la vieille, etc.

Reviens, reviens, bonne vieille ;
Marions-nous promptement.
On la conduit au notaire :
— Mariez-moi cette enfant.
Ah! la vieille, etc.

On la conduit au notaire :
— Mariez-moi cette enfant.
— Cette enfant, dit le notaire,
Elle a bien quatre-vingts ans.
  Ah! la vieille, etc.

Cette enfant, dit le notaire ;
Elle a bien quatre-vingts ans.
Aujourd'hui le mariage,
Et demain l'enterrement.
Ah! la vieille, etc.

Aujourd'hui le mariage,
Et demain l'enterrement.
On fit tant sauter la vieille
Qu'elle est morte en sautillant.
  Ah ! la vieille, etc.

On fit tant sauter la vieille
Qu'elle est morte en sautillant.
On regarde dans sa bouche ;
Elle n'avait que trois dents.
Ah! la vieille, etc.

On regarde dans sa bouche ;
Elle n'avait que trois dents ;
Un' qui branle, une qui hoche,
L'autre qui s'envole au vent.
Ah ! la vieille, etc.

Un' qui branle, une qui hoche,
L'autre qui s'envole au vent ;
On regarde dans sa poche ;
Ell' n'avait qu' trois liards d'argent.
Ah ! la vieille, etc.

On regarde dans sa poche ;
Ell' n'avait qu' trois liards d'argent :
Ah ! la vieille, la vieille, la vieille,
Avait trompé le galant.

Le Chevalier du Guet.

Plusieurs jeunes filles :

Qu'est-c' qui passe ici si tard,
    Compagnons de la Marjolaine ?
Qu'est-c' qui passe ici si tard,
    Gai, gai, dessus le quai ?

Une jeune fille, représentant le Chevalier.

C'est le Chevalier du Guet,
Compagnons de la Marjolaine ;
C'est le Chevalier du Guet,
    Gai, gai, dessus le quai.

Les jeunes filles.

Que demande le Chevalier ?
    Compagnons, etc.

Le Chevalier.

Une fille à marier,
    Compagnons, etc.

(*Le même refrain à chaque couplet.*)

Les Fillettes.

N'y a pas d'fille à marier.

Le Chevalier.

On m'a dit qu'vous en aviez.

Les Fillettes.

Ceux qui l'ont dit se sont trompés.

Le Chevalier.

Je veux que vous m'en donniez.

Les Fillettes.

Sur les une heur' repassez.

Le Chevalier.

Les une heure sont bien passées.

Les Fillettes.

Sur les deux heur's repassez.

(*On augmente à volonté le nombre des heures.*)

Le Chevalier.

J'ai bien assez repassé.

Les Fillettes.

En ce cas-là, choisissez.

Giroflé, Girofla.

Que t'as de belles filles !
Giroflé, Girofla !
Que t'as de belles filles !
L'Amour m'y compt'ra.

Ell' sont bell' et gentilles,
Giroflé, Girofla ;
Ell' sont bell' et gentilles ;
L'Amour m'y compt'ra.

Denne-moi z'en donc une,
Giroflé, etc.

Pas seul'ment la queue d'une,
Giroflé, etc.

J'irai au bois seulette,
Giroflé, etc.

Quoi faire au bois seulette?
Giroflé, etc.

Cueillir la violette,
Giroflé, etc.

Quoi fair' de la violette?
Giroflé, etc.

Pour mettre à ma coll'rette,
Giroflé, etc.

Si le roi t'y rencontre?
Giroflé, etc.

J'lui f'rai trois révérences,
Giroflé, etc.

Si la rein' t'y rencontre?
Giroflé, etc.

J'lui f'rai six révérences,
Giroflé, etc.

Si le diabl' t'y rencontre?
Giroflé, etc.

Je lui ferai les cornes,
Giroflé, Girofla;
Je lui ferai les cornes;
L'Amour m'y compt'ra.

Il était un' Bergère.

Il était un' bergère,
Et ron, ron, ron, petit patapon,
Il était un' bergère
Qui gardait ses moutons,
Ron, ron,
Qui gardait ses moutons.

Elle fit un fromage,
Et ron, ron, ron, petit patapon,
Elle fit un fromage
Du lait de ses moutons,
Ron, ron,
Du lait de ses moutons.

Le chat qui la regarde,
Et ron, ron, ron, petit patapon.
Le chat qui la regarde
D'un petit air fripon,
Ron, ron,
D'un petit air fripon.

— Si tu y mets la patte,
Et ron, ron, ron, petit patapon,
Si tu y mets la patte,
Tu auras du bâton,
Ron, ron,
Tu auras du bâton.

Il n'y mit pas la patte,
Et ron, ron, ron, petit patapon.
Il n'y mit pas la patte,
Il y mit le menton,
Ron, ron,
Il y mit le menton.

La bergère, en colère,
Et ron, ron, ron, petit patapon,

La bergère en colère
Tua son p'tit chaton,
    Ron, ron,
Tua son p'tit chaton.

Elle fut à confesse,
Et ron, ron, ron, petit patapon,
Elle fut à confesse
Pour obtenir pardon,
    Ron, ron,
Pour obtenir pardon.

— Mon père, je m'accuse,
Et ron, ron, ron, petit patapon,
Mon père, je m'accuse
D'avoir tué mon chaton,
    Ron, ron,
D'avoir tué mon chaton.

— Ma fill', pour pénitence,
Et ron, ron, ron, petit patapon,
Ma fill', pour pénitence,
Nous nous embrasserons,
    Ron, ron,
Nous nous embrasserons.

— La pénitence est douce,
Et ron, ron, ron, petit patapon,
La pénitence est douce ;
Nous recommencerons,
    Ron, ron,
Nous recommencerons.

Joli Dragon.

Joli dragon revenait de la guerre,
Joli dragon, ran pata pata plan,
Joli dragon revenait de la guerre.

La fill' du roi était à sa fenêtre,
La fill' du roi, ran pata pata plan,
La fill' du roi était à sa fenêtre.

— Joli dragon, donnez-moi votre rose;
Joli dragon, ran pata pata plan,
Joli dragon, donnez-moi votre rose.

— Fille du roi, elle est pour ma fiancée;
Fille du roi, ran pata pata plan,
Fille du roi, elle est pour ma fiancée.

— Joli dragon, demand'-moi à mon père;
Joli dragon, ran pata pata plan,
Joli dragon, demand'-moi à mon père.

— Sire, mon roi, donnez-moi votre fille;
Sire, mon roi, ran pata pata plan,
Sire, mon roi, donnez-moi votre fille.

— Joli dragon, tu n'es pas assez riche;
Joli dragon, ran pata pata plan,
Joli dragon, tu n'es pas assez riche.

— J'ai trois vaisseaux dessus la mer qui brille;
J'ai trois vaisseaux, ran pata pata plan,
J'ai trois vaisseaux dessus la mer qui brille.

L'un est couvert d'or et d'argenterie;
L'un est couvert, ran pata pata plan,
L'un est couvert d'or et d'argenterie;

L'autre sera pour embarquer ma mie;
L'autre sera, ran pata pata plan,
L'autre sera pour embarquer ma mie.

— Joli dragon, je te donne ma fille;
Joli dragon, ran pata pata plan,
Joli dragon, je te donne ma fille.

— Sire, mon roi, je vous en remercie;
Sire, mon roi, ran pata pata plan,
Sire, mon roi, je vous en remercie.

Dans mon pays y'en a de plus jolies ;
Dans mon pays, ran pata pata plan,
Dans mon pays y'en a de plus jolies.

La chanson du Hanneton.

Hanneton, vole ! hanneton,
 Avril, tu t'en vas,
 Car Mai vient là-bas
 Pour balayer ta figure
 De pluie, aussi de froidure ;
Hanneton, vole ! hanneton, vole !

Hanneton, vole ! hanneton, vole !
 Au firmament bleu,
 Ton nid est en feu ;
 Les Turcs, avec leur épée,
 Viennent tuer ta couvée.
Hanneton, vole ! hanneton, vole !

Dans un jardin couvert de fleurs.

Dans un jardin couvert de fleurs,
 Lieu de douceurs,
Dieu créa l'homme à son image,
 Dans ce séjour ;
Il lui donna le premier gage
 De son amour.

Adam était assis tout seul,
 Sous un tilleul ;
Étant couché sur l'herbe tendre,
 Tranquillement,
Un doux sommeil vint le surprendre
 Dans ce moment.

Pendant qu'il dort, son créateur
    Et son auteur
Lui tire doucement un' côte
    De son côté ;
Puis il en créa une femme,
    Fleur de beauté.

Adam s'éveille, et s'écria :
    « Ah ! la voilà,
Ah ! la voilà, celle que j'aime,
    Os de mes os !
Donnez-la-moi, bonté suprême,
    Pour mon repos (?)

Jardin d'amour.

Quand je vais au jardin, jardin d'amour,
    La tourterelle gémit,
    Et son langage me dit :
    Voici la fin du jour...
      Et le loup vous guette,
      Ma jeune fillette,
      En ce séjour...
Quand je vais au jardin, jardin d'amour.

Quand je vais au jardin, jardin d'amour,
    Les fleurs se penchent vers moi,
    Me disant : N'ayez pas d'effroi,
    Voici la fin du jour...
      Et celui qu'on aime
      Va venir de même
      En ce séjour...
Quand je vais au jardin, jardin d'amour.

Quand je vais au jardin, jardin d'amour,
    Je crois entendre des pas,
    Je veux fuir, et n'ose pas :
    Voici la fin du jour...

Je crains et j'hésite ;
Mon cœur bat plus vite
En ce séjour...
Quand je vais au jardin, jardin d'amour.

En revenant des noces.

En revenant des noces,
J'étais bien fatigué;
Au bord d'une fontaine,
Je me suis reposé,
  La, la, la,
  Tra, la, la,
   Déri,
  Tra, la, la,
   La.

Au bord d'une fontaine,
Je me suis reposé,
Et l'eau était si claire,
Que je m'y suis baigné;
  La, la, la, etc.

Et l'eau était si claire,
Que je m'y suis baigné;
A la feuille du chêne,
Je me suis essuyé.
  La, la, la, etc.

A la feuille du chêne,
Je me suis essuyé.
Caché dans le feuillage,
Un rossignol chantait.
  La, la, la, etc.

Caché dans le feuillage,
Un rossignol chantait :
Chante, rossignol, chante,

Toi qui as le cœur gai.
    La, la, la, etc.

Chante, rossignol, chante,
Toi qui as le cœur gai ;
Je ne suis pas de même ;
Je suis bien affligé.
    La, la, la, etc.

Je ne suis pas de même ;
Je suis bien affligé,
Pour un bouton de rose
Que trop tôt j'ai donné.
    La, la, la, etc.

Pour un bouton de rose
Que trop tôt j'ai donné.
Je voudrais que la rose
Fût encore au rosier.
    La, la, la, etc.

Je voudrais que la rose
Fût encore au rosier,
Et que mon ami Pierre
Fût encore à m'aimer.
    La, la, la, etc.

Et que mon ami Pierre
Fût encore à m'aimer ;
Que le roi qui l'appelle
Fût mort et enterré.
    La, la, la, etc.

Que le roi qui l'appelle
Fût mort et enterré ;
Car bientôt par la reine
Il sera-t-appelé.
    La, la, la, etc.

Car bientôt par la reine
Il sera-t-appelé ;

Dans sa chambre de marbre
On le fera monter.
    La, la, la, etc.

Dans sa chambre de marbre
On le fera monter,
Et dans un beau lit d'or,
Il pourra m'oublier.
    La, la, la, etc.

Et dans un beau lit d'or
Il pourra m'oublier;
Puis on le fera pendre,
Pour l'avoir trop aimé.
    La, la, la,
    Tra, la, la,
      Déri,
    Tra, la, la,
      La.

Le Moulin.

C'est la servante à Nicolet
Qu'est à cousir son bavolet,
    Sure l'âne et le bât,
    Et le saque de blé,
    Sur le rin, trin, trin,
    De la jant' du moulin.

Mais v'là que survient le valet
Qui la pincit dans le mollet,
    Sure l'âne et le bât,
    Et le saque de blé,
    Sur le rin, trin, trin,
    De la jant' du moulin.

Et le maître, qui les voyait,
Lui dit : « Que fais-tu là, valet?
    Sure l'âne et le bât,

Et le saque de blé,
　Sur le rin, trin, trin,
De la jant' du moulin.

— Je me promèn', car je suis las.
— Puisque t'es las, tu t'en iras...
Sure l'âne et le bât,
Et le saque de blé,
　Sur le rin, trin, trin,
De la jant' du moulin.

— Mon maître, tu me le paieras.
— Valet, valet, combien qu'j'te dois?...
Sure l'âne et le bât,
Et le saque de blé,
　Sur le rin, trin, trin,
De la jant' du moulin.

— Vous me devez cent sous par mois,
Une chemise et deux collets...
　Sure l'âne et le bât,
Et le saque de blé,
　Sur le rin, trin, trin,
De la jant' du moulin.

Une douzaine de bonnets,
Et puis encore un gros fouet...
Sure l'âne et le bât,
Et le saque de blé,
　Sur le rin, trin, trin,
De la jant' du moulin.

— Valet, valet, tu resteras,
Et au grand lit tu coucheras...
Sur l'âne et le bât,
Et le saque de blé,
Sur le rin, trin, trin,
De la jant' du moulin.

Ronde de Caux.

— Ces beaux souliers que vous avez,
Ah! dites-moi, qui vous l'a donné?
— Monsieur, c'est mon amant;
Quand je le vois, j'ai le cœur bien aise;
Monsieur, c'est mon amant;
Quand je le vois, j'ai le cœur content.
J'ai un pied qui r'mue
Et l'autre qui ne va guère,
J'ai un pied qui r'mue
Et l'autre qui ne va plus.

— Ces belles fleurs que vous avez,
Ah! dites-moi, qui vous l'a donné?
— Monsieur, c'est mon amant;
Quand je le vois, j'ai le cœur bien aise;
Monsieur, c'est mon amant;
Quand je le vois, j'ai le cœur content.
J'ai un pied qui r'mue
Et l'autre qui ne va guère,
J'ai un pied qui r'mue
Et l'autre qui ne va plus.

— Cette croix d'or que vous avez,
Ah! dites-moi, qui vous l'a donné?
— Monsieur, c'est mon amant;
Quand je le vois, j'ai le cœur bien aise;
Monsieur, c'est mon amant;
Quand je le vois, j'ai le cœur content.
J'ai un pied qui r'mue
Et l'autre qui ne va guère,
J'ai un pied qui r'mue
Et l'autre qui ne va plus.

La jolie Coupe.

La voilà, la joli' coupe;
Coupi, coupons, coupons le vin;
La voilà, la joli' coupe la la,
La voilà, la joli' coupe au vin.

Et de coupe en pagne, en pagne,
Pagni, pagnons, pagnons le vin;
La voilà, la joli' pagne la la,
La voilà, la joli' pagne au vin.

Et de pagne en hotte, en hotte,
Hotti, hottons, hottons le vin;
La voilà, la joli' hotte la la,
La voilà, la joli' hotte au vin.

Et de hotte en cube, en cube,
Cubi, cubons, cubons le vin;
La voilà, la joli' cube la la,
La voilà, la joli' cube au vin.

Et de cube en foule, en foule,
Fouli, foulons, foulons le vin;
La voilà, la joli' foule la la,
La voilà, la joli' foule au vin.

Et de foule en presse, en presse,
Pressi, pressons, pressons le vin;
La voilà, la joli' presse la la,
La voilà, la joli' presse au vin.

Et de presse en tonne, en tonne,
Tonni, tonnons, tonnons le vin;
La voilà, la joli' tonne la la,
La voilà, la joli' tonne au vin.

Et de tonne en tire, en tire,
Tiri, tirons, tirons le vin;

La voilà, la joli' tire la la,
La voilà, la jolie tire au vin.

Et de tire en verse, en verse,
Versi, versons, versons le vin ;
La voilà, la joli' verse la la,
La voilà, la joli' verse au vin.

Et de verse en boisse, en boisse,
Boissi, boissons, buvons le vin ;
La voilà, la joli' boisse la la,
La voilà, la joli' boisse au vin.

La Vieille à marier.

J'ai demandé-z-à la vieille
S'elle aimait bien le bon pain :
« Par ma foi ! mon fils, dit-elle,
Pour du ch'ti, ne m'en faut point,
Mais d' la miche au grand beugnet,
Hé ! hé ! hé ! aïe, mon âne,
Mais d' la miche au grand beugnet ;
Me faut-z-un mari pour mai.

J'ai demandé-z-à la vieille
S'elle aimait bien le bon vin :
« Par ma foi ! mon fils, dit-elle,
Pour du ch'ti, ne m'en faut point,
Mais du clair à plein goblet,
Hé ! hé ! hé ! aïe, mon âne,
Mais du clair à plein goblet ;
Me faut-z-un mari pour mai. »

J'ai demandé-z-à la vieille
S'elle avait encore des dents :
« Par ma foi ! mon fils, dit-elle.
J'ai encor' un' par devant,

Avec deux dans les côtés,
Hé ! hé ! hé ! aïe, mon âne,
Avec deux dans les côtés ;
Me faut-z-un mari pour mai.

J'ai demandé-z-à la vieille
S'elle voulait se marier :
« Par ma foi, mon fils, dit-elle,
Tout de suite si vous voulez ;
Voilà l'hiver qu'est bien frais,
Hé ! hé ! hé ! aïe, mon âne,
Voilà l'hiver qu'est bien frais ;
Me faut-z-un mari pour mai. »

Michaut veillait.

Michaut veillait
Le soir dans sa chaumière,
Prés du hameau,
Qui gardait son troupeau.
Le ciel brillait
D'une vive lumière;
Il se mit à chanter :
Je vois, je vois l'étoile du berger. (*bis*)

Au bruit qu'il fit,
Un pasteur de Judée
Tout en sursaut
S'en va trouver Michaut :
Ah ! qu'il lui dit,
La Vierge est accouchée
A l'heure de minuit ;
Voilà ce que l'ange a prédit. (*bis*)

La Vierge était
Assise auprès la crèche ;
L'âne mangeait,
Et le bœuf la chauffait;

Joseph priait ;
Sans chandelle ni mèche,
Dans son simple appareil,
Jésus brillait comme un soleil. (*bis*)

La petite Rosette.

Voici le jour venu,
Rosette se marie :
A prend un homme
De quatre-vingt-dix ans ;
La p'tite Rosette
N'a seulment pas quinze ans.

Je la prends par la main,
Je la mène à la danse :
« Danse, Rosette,
Ménage bien tes pas,
Ma petit' Rosette,
Ne te fatigue pas. »

Je la prends par la main,
Je la mène à la table :
« Mange, Rosette,
Mais mange doucement,
Ma petit' Rosette,
N'ébrèche pas tes dents. »

Je la prends par la main,
Je la mène en sa chambre :
« Vois-tu, Rosette,
La chambre et le beau lit,
Ma petit' Rosette,
Où je pass'rons la nuit ? »

Quand vint sur les minuit,
Le vieillard se réveille :
« Dors-tu, Rosette ?

Dormiras-tu toujours ?
Ma petit' Rosette,
Pensons à nos amours. »

Quand vint le matin-jour,
Rosette se réveille :
« Mon Dieu, dit-elle,
Qui m'aurait jamais dit
Qu'à mon mariage
J'aurais si bien dormi ! »

Au bois Rossignolet.

M'y allant promener (le rer)
Le long du grand chemin (le rin);
Le long du grand chemin ;
Là je m'y endormis (le ris)
A l'om- (le ron) bre, sous (le rou)
Un pin (le rin).
Au bois Rossignolet (le ret),
Au bois rossignolet.

Là je m'y endormis (le ris),
A l'ombre, sous un pin (le rin),
A l'ombre, sous un pin ;
Quand je me réveillis (le ris),
Le pin (le rin) était (le rait)
Fleuri (le ri).
Au bois Rossignolet (le ret),
Au bois Rossignolet.

Quand je me réveillis (le ris),
Le pin était fleuri (le ri),
Le pin était fleuri ;
Vit' je pris mon coutiau (le riau);
Un' bran- (le ran) che j'en (le ren)
Coupis (le ris).

Au bois Rossignolet (le ret),
    Au bois Rossignolet.

Vit' je pris mon coutiau (le riau);
Un' branche j'en coupis (le ris),
    Un' branche j'en coupis;
Et j'en fis un flûtiau (le riau),
Un fla- (le ra) geolet (le ret)
    Aussi (le ri).
Au bois Rossignolet (le ret),
    Au bois Rossignolet.

Et j'en fis un flûtiau (le riau),
Un flageolet aussi (le ri),
    Un flageolet aussi;
Et m'en allai chantant (le ran)
Le long (le ron) du grand (le ran)
    Chemin (le rin) :
Au bois Rossignolet (le ret),
    Au bois Rossignolet.

Et m'en allai chantant (le ran)
Le long du grand chemin (le rin),
    Le long du grand chemin ;
Or, savez-vous, messieurs (le rieus),
Ce que (le reu) ma flû- (le rû)
    Te a dit (le rit) ?
Au bois Rossignolet (le ret),
    Au bois Rossignolet.

Or, savez vous, messieurs (le rîcus),
Ce que ma flûte a dit (le rit),
    Ce que ma flûte a dit?
Ah! qu'il est doux d'aimer (le rer)
Le fils (le ris) de son (le ron)
    Voisin (le rin) !
Au bois Rossignolet (le ret),
    Au bois Rossignolet.

Ah! qu'il est doux d'aimer (le rer)
Le fils de son voisin (le rin),

Le fils de son voisin !
Quand on l'a vu le soir (le roir),
On le (le re) voit le (le re)
Matin (le rin).....
Au bois Rossignolet (le ret),
Au bois Rossignolet.

Les trois Princesses.

Derrière chez mon père,
Vole, vole, mon cœur, vole,
Y'a un pommier doux.
Tout doux, et iou !
Y'a un pommier doux.

Trois belles princesses,
Vole, vole, mon cœur, vole,
Sont couchées dessous.
Tout doux, et iou !
Sont couchées dessous.

Çà, dit la première,
Vole, vole, mon cœur, vole,
Je crois qu'il fait jour.
Tout doux, et iou !
Je crois qu'il fait jour.

Çà, dit la seconde,
Vole, vole, mon cœur, vole,
J'entends le tambour.
Tout doux, et iou !
J'entends le tambour.

Çà, dit la troisième,
Vole, vole, mon cœur, vole,
C'est mon ami doux.
Tout doux, et iou !
C'est mon ami doux.

Il va-t-à la guerre,
Vole, vole, mon cœur, vole,
Combattre pour nous.
Tout doux, et iou!
Combattre pour nous.

S'il gagne bataille,
Vole, vole, mon cœur, vole
Aura mes amours!
Tout doux, et iou
Aura mes amours.

Qu'il perde ou qu'il gagne,
Vole, vole, mon cœur, vole,
Les aura toujours.
' Tout doux, et iou!
Les aura toujours.

Le Château de mon Père.

Mon père a fait bâtir château. *(bis)*
   Sur l'herbette nouvelle,
    Ah! ah! je m'en vais
   Sur l'herbette nouvelle. *(bis)*

L'a fait bâtir aux trois carreaux, *(bis)*
   Sur l'herbette nouvelle,
    Ah! ah! je m'en vais
   Sur l'herbette nouvelle. *(bis)*

Il est petit, mais il est beau. *(bis)*
   Sur l'herbette nouvelle,
    Ah! ah! je m'en vais
   Sur l'herbette nouvelle. *(bis)*

De par-dessus coule un ruisseau, *(bis)*
   Sur l'herbette nouvelle,
    Ah! ah! je m'en vais
   Sur l'herbette nouvelle. *(bis)*

D'or et d'argent sont les créneaux. (*bis*)
   Sur l'herbette nouvelle,
     Ah ! ah ! je m'en vais
    Sur l'herbette nouvelle. (*bis*)

Le roi n'en a pas de si beau. (*bis*)
   Sur l'herbette nouvelle,
     Ah ! ah ! je m'en vais
    Sur l'herbette nouvelle. (*bis*)

Derrière chez nous.

Derrière chez nous il y a-t-un vert bocage ;
Le rossignol, il y chant' tous les jours ; (*bis*)
Là il y dit en son charmant langage :
Les amoureux sont malheureux toujours. (*bis*)

Sur l' bord du Cher, il y a-t-une fontaine
Où sur un frên' nos deux noms sont gravés ;
L' temps a détruit nos deux noms sur le frêne,
Mais dans nos cœurs il les a conservés.

Le mal d'amour est une rude peine ;
Lorsqu'il nous tient, il nous faut en mourir ;
L'herbe des prés, quoique si souveraine,
L'herbe des prés ne saurait en guérir.

La verdi, la verdon.

Ah ! si j'avais un sou tout rond, (*bis*)
J'achèterais un blanc mouton ;
   La verdi, la verdon,
  Et ioupe ! sautez donc, la verdon.

J'achèterais un blanc mouton ; (*bis*)
Je le tondrais à la saison ;

La verdi, la verdon,
Et ioupe! sautez donc, la verdon.

Je le tondrais à la saison ; (*bis*)
J' l'égaillerais sur un buisson ;
La verdi, la verdon,
Et ioupe! sautez donc, la verdon.

J' l'égaillerais sur un buisson : (*bis*)
Par ici pass'nt trois grands fripons ;
La verdi, la verdon,
Et ioupe! sautez donc, la verdon.

Par ici pass'nt trois grands fripons : (*bis*)
Z'y m'ont emporté ma toison,
La verdi, la verdon,
Et ioupe! sautez donc, la verdon.

Z'y m'ont emporté ma toison ; (*bis*)
J' courus après jusqu'à Lyon ;
La verdi, la verdon,
Et ioupe! sautez donc, la verdon.

J'courus après jusqu'à Lyon : (*bis*)
Messieurs, rendez-m'y ma toison ;
La verdi, la verdon,
Et ioupe, sautez donc, la verdon.

Messieurs, rendez-m'y ma toison, (*bis*)
C'est pour m'y faire un cotillon ;
La verdi, la verdon,
Et ioupe! sautez donc, la verdon.

C'est pour m'y faire un cotillon ; (*bis*)
Z'à mon mari un caneçon ;
La verdi, la verdon,
Et ioupe! sautez donc, la verdon.

Z'à mon mari un caneçon, (*bis*)
Z'à mes filles des bonnets ronds ;
La verdi, la verdon,
Et ioupe, sautez donc, la verdon.

Z'à mes filles des bonnets ronds ; *(bis)*
J'en revendrai les retaillons ;
　　La verdi, la verdon,
Et ioupe ! sautez donc, la verdon,

J'en revendrai les rataillons ; *(bis)*
Ça s'ra pour payer la façon ;
　　La verdi, la verdon,
Et ioupe ! sautez donc, la verdon.

La Violette double.

J'ai un grand voyage à faire ;
Je ne sais qui le fera ;
J'ai un grand voyage à faire ;
Je ne sais qui le fera.
Ce sera Rossignolette
Qui pour moi fera cela.
La violette double, double, ⎱ *(bis)*
La violette doublera.　　　⎰

Rossignol prend sa volée ; ⎱ *(bis)*
Au palais d'amour s'en va ; ⎰
Trouva la porte fermée,
Par la fenêtre il entra,
La violette double, double, etc.

Bonjour l'une, bonjour l'autre, ⎱ *(bis)*
Bonjour, belle que voilà :　　 ⎰
C'est votre amant qui demande
Que vous ne l'oubliez pas.
La violette double, double, etc.

— Quoi ! mon amant me demande ⎱ *(bis)*
Que je ne l'oublie pas ?　　　　 ⎰
J'en ai oublié tant d'autres ;
J'oublierai bien celui-là.
La violette double, double,
La violette doublera.

Quand j'étais vers chez mon Père.

Quand j'étais vers chez mon père,
Les cochons j'allais garder,   (*bis*)
　Toure loure lan loure,
Les cochons j'allais garder,
　Toure loure lan louré.　(*bis*)

J'étais encore si jeunette,
Qu'j'oubliai mon déjeuner,   (*bis*)
　Toure loure lan loure,
Qu'j'oubliai mon déjeuner,
　Toure loure lan louré.　(*bis*)

Le valet de chez mon père
Y'm'l'a bien vite apporté,   (*bis*)
　Toure loure lan loure,
Y'm'l'a bien vite apporté,
　Toure loure lan louré.　(*bis*)

Que voulez-vous que j'en fasse?
Mes cochons sont égarés,   (*bis*)
　Toure loure lan loure,
Mes cochons sont égarés,
　Toure loure lan louré.　(*bis*)

Il a pris sa cornemuse,
Se boute à cornemuser,   (*bis*)
　Toure loure lan loure,
Se boute à cornemuser,
　Toure loure lan louré.　(*bis*)

Au son de la cornemuse,
Mes cochons s'sont rassemblés,   (*bis*)
　Toure loure lan loure,
Mes cochons s'sont rassemblés,
　Toure loure lan louré.　(*bis*)

Mes cochons s'sont rassemblés,
Et se sont mis à danser,   (*bis*)

Toure loure lan loure
Et se sont mis à danser,
  Toure loure lan louré.   (bis)

Y'n'y avait qu'la grand' trui'-caudé
Qui ne voulait pas danser,   (bis)
  Toure loure lan loure,
Qui ne voulait pas danser,
  Toure loure lan louré.   (bis)

Le v'rat la prit par l'oreille :
Commère, il nous faut danser,   (bis)
  Toure loure lan loure,
Commère, il nous faut danser,
  Toure loure lan louré.   (bis)

Quand ils fur'nt dedans la danse,
Et qu'ils fur'nt bien enragés,   (bis)
  Toure loure lan loure,
Et qu'ils fur'nt bien enragés,
  Toure loure lan louré.   (bis)

Ont dansé sur la mesure,
Ont sauté jusqu'au plancher,   (bis)
  Toure loure lan loure,
Ont sauté jusqu'au plancher,
  Toure loure lan louré.   (bis)

Lorsque j'étais petite.

Lorsque j'étais petite, seulette à la maison,
On m'envoyait souvent pour cueillir du cresson;
Verduron, verdurinette, pour cueillir du cresson.

On m'envoyait souvent pour cueillir du cresson;
La fontaine était creuse, je suis tombée au fond;
Verduron, verdurinette, je suis tombée au fond.

La fontaine était creuse, je suis tombée au fond.
Sur le chemin y passent trois cavaliers barons ;
Verduron, verdurinette, trois cavaliers barons.

Sur le chemin y passent trois cavaliers barons :
— Que donn'rez-vous, la belle, pour vous tirer du fond ?
Verduron, verdurinette, pour vous tirer du fond ?

Que donn'rez-vous, la belle, pour vous tirer du fond ?
— Ah ! tirez-moi, dit-elle, et puis nous marchandr'ons ;
Verduron, verdurinette, et puis nous marchand'rons.

Ah ! tirez-moi, dit-elle, et puis nous marchand'rons.
Quand la bell' fut tiré', s'en fut à la maison ;
Verduron, verdurinette, s'en fut à la maison.

Quand la bell' fut tiré', s'en fut à la maison ;
Met la tête en fenêtre et chante une chanson ;
Verduron, verdurinette, et chante une chanson.

Met la tête en fenêtre et chante une chanson.
— Ce n'est pas ça, la belle, que nous vous demandons ;
Verduron, verdurinette, que nous vous demandons.

Ce n'est pas ça, la belle, que nous vous demandons ;
C'est vos amours, la belle, si nous les méritons ;
Verduron, verdurinette, si nous les méritons.

C'est vos amours, la belle, si nous les méritons.
— De mes amours, dit-elle, nous vous en fricass'rons,
Verduron, verdurinette, nous vous en fricass'rons.

De mes amours, dit-elle, nous vous en fricass'rons
Dans un' poêle à châtaign's qui n'aura point de fond ;
Verduron, verdurinette, qui n'aura point de fond.

Dans une poêle à châtaign's qui n'aura point de fond.
En revenant de foire, songez à ma chanson :
Verduron, verdurinette, songez à ma chanson.

J'étions trois Capitaines

J'étions trois capitaines ;
En guerre nous en vont ;
J'étions trois capitaines ;
En guerre nous en vont,
En guerre nous en vont
Dedans la ville de Toulon.
Grand Dieu ! la jolie ville !

La bell' qu'est aux fenêtres, ⎱ (bis)
Qui les regarde passer : ⎰
Eh ! où allez-vous donc,
Vous autres, si jolis garçons ?
Nous allons à la guerre.

Mon amant, tu me quittes; ⎱ (bis)
Mon amant, tu t' en vas ! ⎰
Mon amant, tu t'en vas,
Tu me laisses dans l'embarras ;
Tu me laisses seulette.

La bell', si je te quitte, ⎱ (bis)
La bell', je t'écrirai ; ⎰
Ce sera par un conscrit,
Ou ce s'ra par un officier ;
Je t'écrirai, ma belle.

Au bout de six semaines, ⎱ (bis)
La lettre n'a pas manqué ; ⎰
La lettre n'a pas manqué ;
Mais elle était adressée
Au père de la fille.

Il est dit dans la lettre : ⎱ (bis)
La bell', mari'-toi ; ⎰
La belle, mari'-toi ;
Car j'en ai bien d'autres que toi,
Et de cent fois plus belles.

Si t'as d'autres maîtresses,
J' ai bien d'autres amants ;   } (bis)
— J'ai bien d'autres amants,
Qui me donnent plus d'agréments,
Qui me causent moins d'peine.

N'y a rien d'aussi charmant.

N'y a rien d'aussi charmant
Que la bergère aux champs ;
N'y a rien d'aussi charmant
Que la bergère aux champs.
Quand il tomb' de la pluie,
Ell' désir' du beau temps ;
Voilà comme la bergère
Aime à passer son temps.
Gai, mon varlet, la lin, lon, la,
Ah, p'tit gouris, lon la, lon laire,
Lon laire, lon laire, la la la la la,
Lon laire, lon lai re la.

Belle, allons nous épromener.

Belle, allons nous épromener
Tout le long de la mer courante ;
Belle, allons-y, allons-y donc ;
Tous les plaisirs nous y prendrons.

La belle n'y fut pas aussitôt,
Qu'elle lui demande à boire.
— Avant de boire ce vin blanc,
Belle, faut couler votre sang.

— D'shabillez-moi, déchaussez-moi,
Mon beau galant, je vous en prie.

— Le beau galant tir' son mouchoir ;
La belle le fait choir du pied.

— Le beau galant tombe dans l'eau,
Et se retient par une branche ;
— La belle tire son couteau ;
N'a coupé la branche dans l'eau.

— Mangez, anguilles, mangez, poissons,
Mangez la chair de cette bête ;
— Mangez, anguilles, mangez, poissons,
Mangez la chair de ce bourreau.

— Belle, qui vous ramènera
Dans le château de votre père ?
— Sera pas toi, mauvais luron,
Que les poissons te mangeront.

— Ah ! vogue, vogue, marinier,
Mèn'-moi au château de mon père ;
— Ah ! vogue, vogue, marinier,
J'ai cent écus à te donner.

Si le roi m'avait donné.

Si le roi m'avait donné
  Paris, sa grande ville,
Et qu'il m'eût fallu quitter
  L'amour de ma mie,
J'aurais dit au roi Henri :
Reprenez votre Paris ;
  J'aime mieux ma mie ;
O gai ! j'aime mieux ma mie.

Chanson de l'Aveine.

Voulez-vous savoir comment, comment
      On sème l'aveine?
 Mon père la semait ainsi,
 Puis se reposait à demi;
 Frappe du pied, puis de la main,
 Un petit tour pour ton voisin....
    Aveine, aveine, aveine,
    Que le beau temps t'amène!   (bis)

Voulez-vous savoir comment, comment
      On plante l'aveine?
 Mon père la plantait ainsi,
 Puis se reposait à demi;
 Frappe du pied, puis de la main,
 Un petit tour pour ton voisin....
    Aveine, aveine, aveine,
    Que le beau temps t'amène!   (bis)

Voulez-vous savoir comment, comment
      On coupe l'aveine?
 Mon père la coupait ainsi,
 Puis se reposait à demi;
 Frappe du pied, puis de la main,
 Un petit tour pour ton voisin....
    Aveine, aveine, aveine,
    Que le beau temps t'amène!   (bis)

Voulez-vous savoir comment, comment
      On mange l'aveine?
 Mon père la mangeait ainsi,
 Puis se reposait à demi;
 Frappe du pied, puis de la main,
 Un petit tour pour ton voisin....
    Aveine, aveine, aveine,
    Que le beau temps t'amène!   (bis)

Sur la Montagne, ma Mère.

Sur la montagne, ma mère,
Sur la montagne,
J'entends le violon, ma mère;
Sur la montagne j'entends le violon.

S'il joue encore, ma mère,
S'il joue encore,
Je veux aller danser, ma mère;
S'il joue encore, je veux aller danser.

Mais si tu danses, ma fille,
Mais si tu danses,
Ton mari te battra, ma fille;
Mais si tu danses, ton mari te battra.

S'i' m' bat, qui' m' batte, ma mère,
S'i m' bat, qu'i' m' batte;
Je saurai me r'tourner, ma mère;
S'i' m' bat, qu'i' m' batte; je saurai me r'tourner.

Si tu te retournes, ma fille,
Si tu te r'tournes,
L'âne courra après, ma fille;
Si tu te r'tournes, l'âne courra après.

S'il court, qu'il coure, ma mère;
S'il court, qu'il coure;
Papa l'arrêtera, ma mère;
S'il court, qu'il coure, papa l'arrêtera.

Le Rosier d'argent.

Où est mon amant à l'heure de maintenant?
Il est à Paris ou bien à Orléans.

> Où est-il ce rosier blanc
> Qui fleurit en boutons d'argent?

Il est à Paris ou bien à Orléans ;
Il apprend à faire des anneaux d'argent.
> Où est-il ce rosier blanc
> Qui fleurit en boutons d'argent?

Il apprend à faire des anneaux d'argent ;
Le premier qu'il fit, il m'en a fait présent.
> Où est-il ce rosier blanc
> Qui fleurit en boutons d'argent?

Le premier qu'il fit, il m'en a fait présent ;
— Il m'l'a mis au doigt ; il y est resté sept ans.
> Où est-il ce rosier blanc
> Qui fleurit en boutons d'argent?

Il me l'a mis au doigt; il y est resté sept ans ;
Au bout de sept ans, voilà l'anneau qui se fend.
> Où est-il ce rosier blanc
> Qui fleurit en boutons d'argent?

L'anneau est fendu, nos amours sont perdus ;
L'anneau est r'soudé, nos amours sont retrouvés.
> Où est-il ce rosier blanc
> Qui fleurit en boutons d'argent?

Les Cloches.

Orléans, Bois-gency,
Notre-Dame de Cléry,
Vendôme, Vendôme.

Quel chagrin, quel ennui
De compter toute la nuit
Les heures, les heures.

Les Filles de La Rochelle.

C'est les filles de La Rochelle
Qu'ont armé un bâtiment,   (*bis*)
Pour aller faire la course
Dedans les mers du Levant ;
  Et lon lan la !
  Je n'ai pas de maîtresse ;
    Je passe mon temps
      Fort joliment !

C'est une fine goëlette
Qui porte la voile au vent ;   (*bis*)
La coque en est de bois rouge,
Travaillé fort proprement ;
  Et lon lan la ! etc.

La grand' voile est en dentelle,
Le pavillon de ruban ;   (*bis*)
Les filles de l'équipage
N'ont pas plus de dix-huit ans ;
  Et lon lan là !
  Je n'ai pas de maîtresse ;
    Je passe mon temps
      Fort joliment !

Nous ne donnons que les premiers couplets de cette chanson, qui a cent versions diverses, et qui se modifie et s'allonge suivant le caprice ou la verve de l'improvisateur du bord.

Même observation pour la ronde suivante, qui est très-populaire dans les ports de mer.

Ronde maritime.

Matelot, attrape à danser !   (*bis*)
Laisse Bari-barou tonner,
  Bon ! bon ! bon ! bon marinier !

Laisse Bari-barou tonner,
  Bon marinier, bon! bon!

Le roi d'Espagne a t'ordonné   (*bis*)
Que tout's les fill's à marier,
  Bon! bon! bon! bon marinier!
  Auraient les cheveux dorés,
  Bon marinier, bon! bon!

Matelot, attrape à danser!   (*bis*)
Laisse Bari-barou tonner,
  Bon! bon! bon! bon marinier!
Laisse Bari-barou tonner
  Bon marinier, bon! bon!

Sur le bord de l'Ile.

Il était une barque
A trente matelots,   (*bis*)
  Sur le bord de l'île,
En chargeant de boucauts
  Sur le bord de l'eau.

Le plus jeune des trente
Commence une chanson,   (*bis*)
  Sur le bord de l'île, etc.

— La chanson que tu chantes,
Je voudrais la savoir,   (*bis*)
  Sur le bord de l'île, etc.

— Entrez dedans ma barque,
Et je vous l'apprendrai,   (*bis*)
  Sur le bord de l'île, etc.

Quand la bell' fut entrée,
Ell' se mit à pleurer,   (*bis*)
  Sur le bord de l'île, etc.

— Qu'avez-vous donc, la belle,
Qui vous fait tant pleurer ?   (*bis*)
  Sur le bord de l'île, etc.

Pleurez-vous votre père
Ou l'un de vos parents ?   (*bis*)
  Sur le bord de l'île, etc.

Pleurez-vous votre mère ?
Pleurez-vous votre enfant ?   (*bis*)
  Sur le bord de l'île, etc.

Je pleure un brick-goëlette,
Parti la voile au vent,   (*bis*)
  Sur le bord de l'île, etc.

Doublé de cuivre rouge,
Gréé d'or et d'argent,   (*bis*)
  Sur le bord de l'île, etc.

Et parti vent arrière,
Les perroquets au vent,   (*bis*)
  Sur le bord de l'île, etc.

Et parti pour la traite,
Avec mon bel amant,   (*bis*)
  Sur le bord de l'île,
En chargeant de boucauts
  Sur le bord de l'eau.

Le joli petit Navire.

C'est un joli petit navire ;
Il y a sept ans qu'il est à l'eau.

Tant il a couru vent arrière,
Avec bonnett's et perroquets,

Tant au plus près et tant grand'largue,
Que le calme l'a genopé.

Au bout de quatorze semaines,
Le vin, le pain leur a manqué.

Faut tirer à la courte-paille,
Pour savoir qui sera mangé.

Celui qui fit tirer les pailles
La plus courte lui est restée.

« Mon second, prenez le navire,
A Bordeaux le ramènerez. »

« Le mousse entend le capitaine ;
Sitôt il se met à pleurer.

Laissez-moi monter dans la hune,
Pour vous le sort je subirai. »

Le mousse monte dans la hune ;
Ouvre l'œil de tous les côtés.

« Je vois la brise qui se lève,
La mer sur les brisants briser.

Terre ! je vois la grande grève,
La girouette du clocher ;

Je vois les flèches de l'église,
Et les cloches qu'on fait danser ;

Je vois les moutons dans la plaine,
Et la bergère à les garder ;

Je vois la fille du capitaine,
« Et son amant à son côté. »

Saute, ma jolie blonde.

A Nante, à Nante est arrivé,
Saute, blonde, et lève le pied,
Trois beaux navir's chargés de blé;
Saute, blonde, ma jolie blonde,
Saute, blonde, et lève le pied.

Trois dam's s'en vont les marchander,
Saute, blonde, et lève le pied :
— Beau marinier, combien ton blé?
Saute, blonde, etc.

— Beau marinier, combien ton blé?
Saute, blonde, et lève le pied.
— Je le vends six francs le demay;
Saute, blonde, etc.

— Il n'est pas cher, s'il est bon blé,
Saute, blonde, et lève le pied.
— Entrez, madame, vous le verrez,
Saute, blonde, etc.

Mais quand la dame y fut entrée,
Saute blonde, et lève le pied ;
Le marinier pousse à nager,
Saute, blonde, etc.

— Mets-moi z'à terre, beau marinier,
Saute, blonde, et lève le pied,
Car j'entends mes enfants crier,
Saute, blonde, etc.

— Vous mentez, la bell', vous mentez,
Saute, blonde, et lève le pied;
Jamais enfant n'avez porté,
Saute, blonde, etc.

Mais, épousant un marinier,
Saute, blonde, et lève le pied,

S'il plaît à Dieu, vous en aurez,
Saute, blonde, etc.

Ils porteront chapeau ciré,
Saute, blonde, et lève le pied,
Et des culottes goudronnées ;
Saute, blonde, ma jolie blonde,
Saute, blonde et lève le pied.

Ronde Saintongeoise.

A la pêche des moules,
Ne veux plus aller, ma mèr',
A la pêche des moules,
Ne veux plus aller.

Les garçons de Marennes
M'ont pris mon panier, ma mèr',
Les garçons de Marennes
M'ont pris mon panier.

Mes bas et mes jarr'tières
Sont de satin blanc, ma mèr',
Mes bas et mes jarr'tières
Sont de satin blanc.

A la pêche des moules, etc.

Mignonne, je vous aime.

Au jardin de mon père
Des orang's il y a :
Mignonne, je vous aime,
Et vous ne m'aimez pas.

Ell' demande à son père
Quand on les cueillera.
Mignonne, je vous aime, etc.

On les cueill'ra, ma fille,
Quand votre amant viendra.
Mignonne, je vous aime, etc.

Les orang's ell's sont mûres,
Et l'amant ne vient pas.
Mignonne, je vous aime, etc.

Elle prend son échelle,
Son panier sous le bras.
Mignonne, je vous aime, etc.

Ell' cueillit les plus mûres,
Les vert's elle laissa.
Mignonne, je vous aime, etc.

Les porte au marché vendre,
Au marché de Laval.
Mignonne, je vous aime, etc.

Dans son chemin rencontre
Le fils d'un avocat :
Mignonne, je vous aime, etc.

Que portez-vous, la belle,
Dans ce beau panier-là ?
Mignonne, je vous aime, etc.

Monsieur, sont des oranges,
Ne vous en plaît-il pas ?
Mignonne, je vous aime, etc.

Il en a pris deux couples,
Mais il n' les paya pas.
Mignonne, je vous aime, etc.

Vous prenez mes oranges,
Et vous n'les payez pas.
Mignonne, je vous aime, etc.

Entrez dedans ma chambre,
Maman vous les paîra.
Mignonne, je vous aime,
Et vous ne m'aimez pas.

J'entends chanter ma mie.

Là-bas, dans la prairie,
J'entends chanter ma mie.
Là-bas, dans le vallon,
J'entends chanter Nanon.

Je m'suis approché d'elle,
Comme un amant fidèle,
Je me suis approché;
La bell' m'a refusé.

Retirez-vous arrière;
Je vois venir mon père;
Mon père, ma mère aussi,
N'y prennent pas plaisir.

N'y a ni père, ni mère,
Cousins germains, ni frère
Qui puiss' nous empêcher,
La bell', de nous aimer.

Ma mie, allons à l'ombre,
Car la chaleur retombe;
La chaleur du printemps
Ne dure pas longtemps.

Là-haut, sur la montagne,
Ma mie tomba malade,

Malade dans son lit,
En danger de mourir.

Ma mie, reprends courage
Jusqu'au premier village;
A la premièr' maison,
Ma bell', nous logerons.

Bonjour, Madame l'hôtesse,
Apportez-nous bouteille;
Bouteille de bon vin
Bannira le chagrin.

L'oiseau qu'est sur la branche
Qui va, qui vole et chante,
N'a pas tant d'agrément,
Ma bell', qu'en vous aimant.

Les Batteux.

Voilà la Saint-Jean passée ;
Le mois d'août est approchant,
Où les garçons des villages
S'en vont la gerbe battant :
Ho! batteux, battons la gerbe,
Compagnons, joyeusement !

Par un matin je me lève
Avec le soleil levant ;
Là, j'entre dedans une aire ;
Tous les batteux sont dedans.
Ho! batteux, etc.

Je salue la compagnie,
Les maîtres et les suivants;
Ils étaient bien vingt ou trente :
N'est-ce pas un beau régiment ?
Ho! batteux, etc.

Je salue la jolie dame
Et tous les petits enfants ;
Et dans ce jardin-là, j'entre
Par une porte d'argent.
Ho ! batteux, etc.

V'là des bouquets qu'on apporte ;
Chacun va se fleurissant ;
A mon chapeau je n'attache
Qu'une simple fleur des champs.
Ho ! batteux, etc.

Mais je vois la giroflée
Qui fleurit et rouge et blanc ;
J'en veux choisir une branche ;
Pour ma mie c'est un présent.
Ho ! batteux, etc.

Dans la peine, dans l'ouvrage,
Dans les divertissements,
Je n'oublie jamais ma mie ;
C'est ma pensée en tout temps.
Ho ! batteux, etc.

Ma mie reçoit de mes lettres
Par l'alouette des champs ;
Elle me renvoie les siennes
Par le rossignol chantant.
Ho ! batteux, etc.

Sans savoir lir' ni écrire,
Nous lisons ce qui est dedans.
Il y a dedans ces lettres :
Aime-moi, je t'aime tant !
Ho ! batteux, etc.

Viendra le jour de la noce ;
Travaillons en attendant ;
Devers la Toussaint prochaine,
J'aurai tout contentement.

Ho! batteux, battons la gerbe,
Compagnons, joyeusement!

La belle est au jardin d'amour.

La belle est au Jardin d'Amour,
Depuis un mois ou six semaines.
Son père la cherche partout,
Et son amant est bien en peine.

Berger, berger, n'as-tu pas vu,
N'as-tu pas vu la beauté même?
— Comment est-elle donc vêtue?
Est-elle en soie, est-elle en laine?

— Elle est vêtue en satin blanc,
Et sur ses mains blanches mitaines
Ses cheveux, qui flottent au vent,
Ont une odeur de marjolaine.

— Elle est là-bas, dans ces vallons
Assise au bord d'une fontaine;
Dans ses mains elle tient un oiseau
A qui la belle conte ses peines.

— Petit oiseau, que tu es heureux
D'être ainsi auprès de ma belle!
Et moi, qui suis son amoureux,
Je ne puis me rapprocher d'elle.

Peut-on être auprès du rosier,
Sans en vouloir cueillir la rose?
— Cueillez-la, si vous le voulez,
Car c'est pour vous qu'elle est éclose.

Le Bouquet de ma mie.

J'ai perdu hier au soir ici
    Le bouquet de ma mie ;
Je suis venu pour le chercher
    Au péril de ma vie.
  En passant par-devant moi,
Belle bergère, embrassez-moi.

Beau berger, ne te fâche pas,
— Si j'embrasse ta mie ;
Elle a passé par-devant moi,
— Je l'ai trouvée jolie ;
Pour ne pas faire de jaloux,
  Embrasse la mienne à ton tour.

Le Mois des fleurs.

Voici venu le mois des fleurs,
    Des chansons et des senteurs,
    Le mois qui tout enchante,
    Le mois de douce attente ;
Le buisson reprend ses couleurs ;
    Au vert bois l'oiseau chante.

Il est venu, sans mes amours,
    Que j'attends, hélas ! toujours....
    Tandis que l'oiseau chante,
    Et que le mai l'on plante,
Seule, en ces bois que je parcours,
    Seule je me lamente.

Le Départ.

Tout en partant devers chez nous,
　　Pleurant toujours ;
J'ai pas de regrets de la ville,
　　Ni des marchands ;
Hélas ! j'ai regret à ma mie,
　　Qu'elle est dedans !

Ma mie, faites-moi un bouquet
　　Qui soit bien fait ;
Qu'il soit lié d'une soie verte,
　　Bien proprement ;
Mes amourettes et les vôtres
　　Y soient dedans.

La belle, en liant le bouquet,
　　A soupirait :
— Qu'avez-vous donc, ma mie Nanette,
　　A tant pleurer ?
Regrettez-vous nos amourettes
　　Du temps passé ?

— Ah ! c'est bien à moi de pleurer,
　　De soupirer !
Vous me laissez embarrassée
　　D'un bel enfant ;
Quand vous reviendrez de la guerre,
　　Il sera grand.

— Que ferons-nous de cet enfant,
　　Quand il s'ra grand ?
— Je lui ferai une cocarde
　　De ruban blanc ;
Je l'enverrai joindre son père
　　Au régiment.

— Qu'est-c' qu'ils diront au régiment,
　　En le voyant ?

— Ils diront tous : Par la morguenne,
V'la-z-un cadet ;
Faisons-en notre capitaine ;
A lui l'bouquet !

— Ma mie, j'ai de l'argent chez nous :
Le voulez-vous ?
— Oh ! non, non, non, ce lui dit-elle,
Je n'en veux point ;
Tous garçons qui vont à la guerre
En ont besoin.

— Allons, mignonne, au cabaret,
Boire et chanter ;
A ta santé, ma mie Nanette,
Plus de cent fois !
Sans oublier not' capitaine...
Vive le roi !

Mon père m'envoi't à l'herbe.

Mon pèr' m'envoi't à l'herbe
Au bois joli ;
Je ne cueille point d'herbe,
Je cherche un nid ;
Le serviteur que j'aime
N'est point ici.

Mettant le pied dans l'herbe,
J'écrase un nid ;
Tout beau, tout beau, mam'elle,
Tu bris, mon nid ;
Le serviteur que j'aime
N'est point ici.

Je ne suis point mam'elle ;
J'ai z-un mari,
Et trois enfants sur terre

Qui sont de lui ;
Le serviteur que j'aime
N'est point ici.

L'un est en Angleterre,
L'autre à Paris ;
Je garde le troisième,
Le plus joli ;
Le serviteur que j'aime
N'est point ici.

Rossignolet des bois.

Rossignolet des bois,
Rossignolet sauvage,
Rossignol par amour,
Qui chante nuit et jour ;
Il dit dedans son chant,
Dans son joli langage :
Filles, mariez-vous,
Le mariage est si doux !
Il y en a de bien doux,
Il y en a de bien rudes ;
Il y en a de bien doux :
Je crois que c'est pour vous.

Vous n'irez plus au bal,
Madam' la mariée ;
Vous gard'rez la maison,
A bercer le poupon.
Adieu, châteaux brillants,
La liberté des filles ;
Adieu la liberté ;
Il n'en faut plus parler.
Monsieur le marié,
La mariée s'afflige ;
Et pour la consoler,
Il faudrait l'embrasser.

La Pernette.

La Pernette se lève
Deux heur's avant le jour,
Et prend sa quenouillette,
Son joli petit tour.

A chaque tour qu'elle file,
Elle pleure en dessous;
Sa mère lui demande :
Pernette, qu'avez-vous ?

Av'-vous mal à la tête,
Ou bien le mal d'amour?
— Je n'ai pas mal de tête,
Mais bien le mal d'amour.

— Ne pleure pas, Pernette,
Car nous te marierons;
Te donnerons un prince,
Ou le fils d'un baron.

— Je ne veux pas de prince,
Ni le fils d'un baron ;
Je veux mon ami Pierre
Qui est dans la prison.

— Tu n'auras pas ton Pierre,
Ou bien nous le pendrons.
— Ah! si vous pendez Pierre,
Pendez-moi donc aussi.

Au chemin de Saint-Jacques,
Enterrez-nous tous deux;
Couvrez Pierre de roses,
Et moi de mille fleurs.

Couvrez Pierre de roses,
Et moi de mille fleurs;

Les pèlerins qui passent
Prieront Dieu pour nous deux.

Ého!

Tant qu'aux bords des fontaines
Ou dans les frais ruisseaux,
Les moutons baign'nt leur laine
Et dansent au préau;
 Eho!
Les agneaux vont aux plain
  Ého!
Et les loups sont aux bois.

Mais queuq'fois, par vingtaines,
Y s'éloign'nt des troupeaux,
Pour aller sous les chênes,
Aux herbages nouveaux.
 Ého! etc.

Et les ombres lointaines
Leurs y cach'ent leurs bourreaux;
Malgré leurs plaintes vaines,
Les loups croqu'nt les agneaux.
 Ého! etc.

T'es mon agneau, ma reine;
Les grand's vill's, c'est les bois;
Par ainsi, Madeleine,
T'en vas pas loin de moi!
 Ého!
Les agneaux vont aux plaines
  Ého!
Et les loups sont aux bois.

Le petit Soldat.

Petit soldat de guerre,
A la guerr' tu t'en vas,
  Et lon lon la,
A la guerre tu t'en vas.

Je m'en vais à la guerre,
Au service du roi,
  Et lon lon la, etc.

Si tu vois ma maîtresse,
Je t'en pri', salu'-la,
  Et lon lon la, etc.

Comment la saluerai-je,
Si je n' la connais pas?
  Et lon lon la, etc.

Est-facile à connaître;
Sa pareille y a pas.
  Et lon lon la, etc.

Ell' porte la croix d'or,
La fleur de lis au bas,
  Et lon lon la,
La fleur de lis au bas.

L'Indifférente.

Belle, quelle souffrance
  M'a tourmenté !
Qu'avec indifférence
  Tu m'as quitté !
Se peut-il qu'on soupire
  Si tendrement,

Et sans aimer, le dire
 Si gentiment?
Tu ne faisais que rire
 De mon tourment.

De ceux qui t'ont charmée,
 Pas un jamais
Qui t'ait autant aimée
 Que je faisais !
Et pour reconnaissance,
 Tu m'as trahi....
Mais mon mal, par l'absence,
 Est bien guéri ;
Ainsi donc, juge et pense
 Ce qu'on m'a dit.

L'amour le plus sincère
 Ne te fait rien ;
Mais être aussi légère
 Est-ce donc bien?
Se peut-il qu'on soupire
 Si tendrement,
Et sans aimer, le dire
 Si gentiment?
Tu ne faisais que rire
 De mon tourment.

La Brebis perdue.

Pauvre brebis ! t'ai-je perdue?
Hélas ! qui me consolera?
Voici déjà la nuit venue...
Ma voix peut-être elle entendra.
 Reviens, ma bien-aimée,
 Ah ! viens calmer ma peur,
 Toi que j'ai surnommée
 La chéri' de mon cœur.

Quand nous étions dans la prairie,
Elle venait me caresser;
Comme elle était la plus chérie,
J'étais toujours à l'embrasser.
 C'était la plus aimable;
 Aussi, soir et matin,
 Elle avait, dans l'étable,
 Le sel à pleines mains.

Et le troupeau bêle et chemine....
Elle en était, hélas! l'honneur.
Quand on voyait sa laine fine,
On s'écriait : L'heureux pasteur!
 Pêcheurs de la rivière,
 Si la voyez là-bas,
 Ramenez à sa mère
 La pauvrette à grands pas.

Écho lointain, qui seul répètes
Le cri plaintif de ma douleur,
Écho, dis-moi sur quelles crêtes
S'est égaré mon seul bonheur.
 Il n'est coteau ni plaine,
 Montagne ni rocher,
 Qui, sachant telle peine,
 Ne se laisse toucher.

Le Chasseur et la Bergère.

Dès le matin je m'éveill', je me lève;
Vite à la chasse m'en suis allé :
 C'est à la chasse
 De la bécasse;
 Le long d'un bois,
J'ai rencontré une bergère
 Qui dormait.

Réveillez-vous, mon aimable bergère,
Avez-vous donc pas besoin d'un berger ?
— Retirez-vous
De la prairie,
Grand badineur,
Vous n'êtes qu'un trompeur de filles,
Un menteur.

— Moi, un trompeur ! mon aimable bergère,
Je ne le suis, ne l'ai jamais été.
J'ai fait l'amour
A d'autres filles
Avant qu'à vous;
Je n'ai pas fait de tromperies
A l'amour.

Le deuil d'Amour.

Ce matin, je me suis levé
Plus matin que la lune,
Pour aller voir ma mie
Que j'aimais tant
Depuis l'âge de quinze ans.

Maman, apprêtez-moi
Mes habits de soie rouge
Et mon épée d'argent brodée,
Vers ma maîtresse je veux aller.

En son chemin le messager rencontre :
— Où t'en vas-tu donc si tranquille ?
Ta bonne amie s'en va mourir....
Lors son cheval il fait courir.

Vers sa maîtresse il est parti ;
Mais, en entrant dans son logis,
Il fit trois tours autour du lit,
Croyant sembler la réjouir.

— Amant, mon cher amant,
　Vous ne me parlez guère.
— Ah ! j'ai le cœur si serré,
　Que je ne peux vous parler.

— Amant, mon cher amant,
　Faites-moi faire un cierge ;
Vous l'allumerez près du lit,
Car à minuit je vais mourir.

　Voilà minuit qui sonne,
　　Et la belle qui passe.
Elle sort sa main blanche du lit
Pour dire adieu à son ami.

　Maman, apprêtez-moi
　　Mes habits de soie noire,
Mon chapeau de velours bordé ;
Le deuil d'amour je veux porter.

J'ai tant pleuré.

J'ai tant pleuré, versé de larmes,
Que des ruisseaux en ont coulé ;
Petits ruisseaux, grandes rivières ;
Quatre moulins en ont viré.

Hélas ! mon Dieu, que je suis aise
Quand j'ai ma mie auprès de moi !
Je la prends et je la caresse :
Mon petit cœur, embrasse-moi.

— Comment veux-tu que je t'embrasse ?
Chacun me dit du mal de toi ;
On dit que t'en vas à la guerre,
Que t'en vas pour servir le roi.

— Ceux qui vous ont dit ça, la belle,
Ils vous ont dit la vérité ;
Mon cheval est là, à la porte,
Et tout sellé, et tout bridé.

Quand tu seras dans les montagnes,
Tu ne penseras plus à moi ;
Tu verras là des Piémontaises
Qui sont plus gentilles que moi.

— Oh! je ferai faire une image
A la ressemblance de toi ;
Je la mettrai dans ma chambrette ;
Nuit et jour je l'embrasserai.

— Mais que diront tes camarades,
Quand tu baiseras ce papier ?
— Je dirai : C'est ma mie Jeannette,
Cell' que mon cœur a tant aimée.

J'ai tant pleuré, versé de larmes,
Que des ruisseaux en ont coulé ;
Petits ruisseaux, grandes rivières ;
Quatre moulins en ont viré.

J'y ai planté rosier.

J'y ai planté rosier
Mignon, gaillard, joli ;
Je l'ai planté le soir,
Le matin était pris.

Je lui ai dit : Rosier,
Tu as bientôt repris ;
Ah! que n'attendais-tu
Le joli mois d'avril ?

Où tout pousse dans l'herbe,
Où tout bois reverdit,

Où toutes les fillettes
Ont de nouveaux amis.

— Je garderai le mien,
Car j'en ai un joli ;
Il n'est pas dans la France,
Ni dans ce pays-ci.

Il est en Angleterre,
Son noble roi servir ;
S'il n'revient pas bientôt,
Je l'enverrai quérir.

S'il n'revient pas bientôt,
Je l'enverrai quérir
En chaise ou en charrette,
En carillon joli.

Les Filles de Cernois.

C'est les filles de Cernois,
Grand Dieu ! qu'ell's sont donc fières !
Elles s'en vont, le soir, après soupé,
Pour faire un tour en ville,
Pour voir leur bien-aimé.

Le beau galant s'en va
A la port' de la belle :
La bell', la bell', ouvrez si vous m'aimez ;
Vous êt's à la chaleur,
Et moi à la fraîcheur.

— Je n'ouvre pas ma porte ;
Au quart il n'est point l'heure ;
Vous reviendrez sur les ónz' heures, minuit ;
Papa sera couché,
Maman bien endormi'.

Le beau galant s'en va
Trouver ses camarades :
Chers camarad's, que j'ai le cœur content !
Je viens de voir ma mi' ;
Son cœur ell' m'a promis !

La belle, qu'était pas loin,
Qu'entendait ces paroles :
Vierge Marie, empêchez-moi d'aimer
Tous ces garçons trompeurs
Qui veul't avoir mon cœur.

Pourquoi me faire la mine ?

Pourquoi me faire ainsi la mine,
Et me traiter en homm' de rien ?
J'ai, Dieu merci, la taille fine ;
Tous ces sauteurs, je les vaux bien !
Quand les garçons vous donn'nt leur foi,
Que chacun d'eux s'en vient vous dire :
  Je vous aime ;
Quand les garçons vous donn'nt leur foi,
 Aucun ne vous aim' comme moi.

Qui donc, le dimanche, à la fête,
Est surnommé le damoiseau ?
A tous vos fringants je tiens tête,
Le plus fier me tir' son chapeau ;
J'ai un habit de drap fort beau ;
En fil écru j'ai aussi trois
  Belles chemises ;
J'ai un habit de drap fort beau,
Avec une culott' de peau.

Quand je viens au bal du village,
Tout's les fill's me font les doux yeux ;
Avec grâce je les engage ;
En est-il un qui fasse mieux ?

Quand je m'élance, mes talons,
Qui se trémoussent et piétinent
En cadence,
Quand je m'élance, mes talons
Gigottent de mille façons.

Le joli Mai.

Un beau m'sieu nous avons trouvé;
Dieu lui donne joie et santé;
Voyez le mai, le joli mai!

Dieu lui donne joie et santé,
Avec une amie à son gré;
Voyez le mai, le joli mai!

Donnez-nous votre chapeau;
Un petit bouquet y mettrons;
Voyez le mai, le joli mai!

Mon beau monsieur, à votre gré,
Aujourd'hui vous nous donnerez;
Voyez le mai, le joli mai!

Ce sera pour la Vierge Marie,
Si bonne et si chérie;
Voyez le mai, le joli mai!

Cécilia.

Mon pèr' n'avait d'enfant que moi;
Dessus la mer il m'envoya.
Sautez, mignonne Cécilia!

Dessus la mer il m'envoya ;
Un beau monsieur je rencontra.
Sautez, mignonne Cécilia !

Un beau monsieur je rencontra,
Et sans façon il m'embrassa.
Sautez, mignonne Cécilia !

Et sans façon il m'embrassa :
— Monsieur, mon pèr' se fâchera.
Sautez, mignonne Cécilia !

— Monsieur, mon pèr' se fâchera.
— La belle, qui le lui dira ?
Sautez, mignonne Cécilia !

— La belle, qui le lui dira ?
— Ce seront les oiseaux des bois.
Sautez, mignonne Cécilia !

— Ce seront les oiseaux des bois.
— Que disent les oiseaux des bois ?
Sautez, mignonne Cécilia !

— Que disent les oiseaux des bois ?
— Que les femmes ne valent rien.
Sautez, mignonne Cécilia !

Que les femmes ne valent rien,
Et les hommes encor bien moins.
Sautez, mignonne Cécilia !

Et les hommes encor bien moins.
Pour les fill's ils en dis'nt du bien.
Sautez, mignonne Cécilia !

Chanson à marier.

Qui donc m'achètera
Ces peaux de chat, de bique, de lièvre ?
Qui donc m'achètera
Ces peaux de chien, de bique et de chat ?

Quand tu te marieras,
Avis' qui tu prendras :
La prenant jeune,
Le coucou chantera ;
La prenant vieille,
Aura chanté déjà.
Qui donc m'achètera, etc.

Les filles d'Avignon
Sont comme les melons ;
Sur cent cinquante,
N'y en a pas un de mûr ;
La plus charmante
N'a pas le cœur bien sûr.
Qui donc m'achètera
Ces peaux de chat, de bique et de lièvre ?
Qui donc m'achètera
Ces peaux de chien, de bique et de chat.

Brave Capitaine.

Brave capitaine,
Revenant de guerre,
Cherchant ses amours ;
Les a tant cherchées
Qu'il les a trouvées
Dedans une tour.

— Dis-moi donc, ma mie,
Qui t'a mise ici,

Dedans cette tour?
— C'est mon cruel père,
Qui m'a renfermée
Par rapport à vous.

Jeune capitaine,
Demande à mon père
Quand je sortirai.
— Général de France,
Ta fille demande
Quand ell' sortira?

— Jeune capitaine,
Prends point tant de peine;
Tu ne l'auras pas.
— Si ne l'ai par plaire,
Je l'aurai par guerre
Ou par trahison.

Son père, de rage
D'un pareil outrage,
La jeta dans l'eau;
Son amant qui nage,
La voyant si sage,
La prend en bateau.

A la premièr' ville,
Son amant l'habille
Tout en satin blanc;
A la second' ville,
Son amant l'habille
Tout d'or et d'argent.

A la second' ville,
A chaussé sa mie
De souliers d'argent;
A la troisièm' ville,
A dit à sa mie :
Faut nous marier.

Sur le pont du Nord.

Sur le pont du nord un bal y est donné.

Adèl' demande à sa mèr' d'y aller.

— Non, non, ma fille tu n'iras pas danser.

Ell' monte en haut et se met à pleurer.

Son frère arriv' dans un joli bateau.

— Ma sœur, ma sœur, qu'as-tu donc à pleurer?

— Maman n' veut pas que j'aille danser.

— Mets ta rob' blanche et ta ceinture dorée.

Les v'la partis dans un joli bateau.

Ell' fit deux pas, et la voilà noyée.

Il fit quat' pas, et le voilà noyé.

La mèr' demand' pourquoi la cloche tinte?

— C'est pour Adèle et votre fils aîné.

Voilà le sort des enfants obstinés.

Nous étions dix filles.

Nous étions dix filles dans un pré,
Toutes les dix à marier :
  Y avait Dine,
  Y avait Chine,
 Y avait Claudine et Martine;
  Ah! ah!

Catherinette et Catherina ;
Y avait la belle Suzon,
Et la duchesse de Montbazon ;
Y avait Madeleine ;
Il y avait la Dumaine.

Le fils du roi vint à passer ;
Toutes il les a saluées :
Salut à Dine,
Salut à Chine,
Salut à Claudine et Martine ;
Ah! ah!
Catherinette et Catherina ;
Salut à la belle Suzon,
A la duchesse de Montbazon ;
Salut à Madeleine ;
Baiser à la Dumaine.

A toutes il fit un cadeau ;
A toutes il fit un cadeau :
Bague à Dine,
Bague à Chine,
Bague à Claudine et Martine ;
Ah! ah!
Catherinette et Catherina ;
Bague à la belle Suzon,
A la duchesse de Montbazon ;
Bague à Madeleine ;
Diamant à la Dumaine.

Puis il leur offrit à coucher ;
Puis il leur offrit à coucher :
Paille à Dine,
Paille à Chine,
Paille à Claudine et Martine ;
Ah! ah!
Catherinette et Catherina ;
Paille à Suzon,
A la duchesse de Montbazon ;

Paille à Madeleine;
Beau lit à la Dumaine.

Puis toutes il les renvoya;
Puis toutes il les renvoya :
Renvoya Dine,
Renvoya Chine,
Renvoya Claudine et Martine;
Ah! ah!
Catherinette et Catherina;
Renvoya la belle Suzon,
Et la duchesse de Montbazon;
Renvoya Madelaine,
Et garda la Dumaine.

Pauvre homme!

— Pauvre homme! pauvre homme!
Tu n'es pas maître dans ta maison,
Quand nous y sommes.

— Mais je sais jouer de la clarinette,
Mais je sais jouer de la clarina.
— Pauvre homme! pauvre homme!
Tu n'es pas maître dans ta maison
Quand nous y sommes.

— Mais je sais jouer de la flûtinette,
Mais je sais jouer de la flûtina.
— Pauvre homme! pauvre homme!
Tu n'es pas maître dans ta maison
Quand nous y sommes.

— Mais je sais jouer de la tambourinette,
Mais je sais jouer de la tambourina.
— Pauvre homme! pauvre homme!
Tu n'es pas maître dans ta maison
Quand nous y sommes.

Cette interminable chanson, que nous avons recueillie dans la Gironde, passe en revue tous les instruments connus ou imaginaires dont nos pères pouvaient avoir l'idée. L'air en est d'une simplicité naïve et touchante. A chaque preuve que le bonhomme donne de son savoir, des voix railleuses — l'élément féminin dont parle Gœthe — lui rappellent la sujétion éternelle à laquelle l'homme est soumis, depuis le paradis terrestre.

Voilà tout.

Paysan, donn'-moi ta fille,
Et voilà tout !
Donne-la moi en te priant,
Tu me rendras le cœur content,
Et voilà tout.

Ma fille est trop jeunette,
Et voilà tout !
Elle est trop jeune encor d'un an ;
Faites l'amour en attendant,
Et voilà tout.

L'amour je n'veux plus faire,
Et voilà tout !
Garçon qui fait l'amour longtemps
Finit par y perdre son temps,
Et voilà tout.

Pingo les noix.

Derrière chez nous il y a t'un bois ;
Pingui, pingo, pingo les noix ;
Deux lièvres sont dedans le bois,
Bibelin, bibelo, popo la guenago ;
Pingui, pingo,
Pingo la guenago, pingo les noix.

Pour les chasser m'en fus au bois ;
Pingui, pingo, pingo les noix ;
Ils sont partis en tapinois,
Bibelin, bibelo, etc.

Ne courez jamais dans le bois,
Pingui, pingo, pingo les noix,
Après deux lièvres à la fois,
Bibelin, bibelo, etc.

Le Pont d'Avignon.

Sur le pont d'Avignon,
On y danse, on y danse ;
Sur le pont d'Avignon,
On y danse tous en rond.

Les beaux messieurs saluent comm'ça ;
Et les belles dames comm'ça ;
Et les pauvres moines comm'ça.

Sur le pont d'Avignon,
On y danse, on y danse ;
Sur le pont d'Avignon.
On y danse tous en rond.

Mon père me marie.

Mon père me marie,
Petite Jeanneton, glin glon,
Qui ne savait rien faire
Que garder la maison,
Au son de la bigournoise,
Sous des noises, des pommes,
Des figues, des fraises, et bon!
Y a t'y pas de la glin glon glon.

Gloria de la digue don don,
Gloria de la caderata,
   De la bigournoise, o gai!
L'espoir, c'est de la bigournoise.

   On l'envoyait aux herbes,
   Aux herbes, au cresson;
   Le jonc était si faible,
   Qu'elle a coulé à fond,
   Au son de la bigournoise, etc.

   Passent trois militaires,
   Trois fort jolis garçons.
   — Que donn'rez vous, la belle,
   Si nous vous retirons?
   Au son de la bigournoise, etc.

   — J'ai cent écus en gage;
   Cela-n'est il pas bon?
   — Ce n'est pas ça, la belle,
   Que nous vous demandons,
   Au son de la bigournoise, etc.

   C'est votre cœur volage;
   Savoir si nous l'aurons?
   — Oh! pour mon cœur volage,
   Je l'ai mis aux poissons,
   Au son de la bigournoise, etc.

   Qui a fait la chansonnette?
   Sont trois jolis garçons;
   L'ont faite et composée,
   En parlant de la Jeanneton,
   Au son de la bigournoise,
     Sous des noises, des pommes,
     Des figues, des fraises, et bon!
Y a t'y pas de la glin glon glon,
Gloria de la digue don don,
Gloria de la caderata,
   De la bigournoise, o gai!
     L'espoir, c'est de la bigournoise.

La jolie Fille de la Garde.

Au château de la Garde,
Il y a trois belles filles;
Il y en a un' plus belle que le jour:
Hâte-toi, capitaine,
Le duc va l'épouser.

En dedans d'son jardin,
Suivi de tout' sa troupe,
Entre et la prend sur son bon cheval gris,
Et la conduit en croupe,
Tout droit en son logis.

Aussitôt arrivés,
L'hôtesse la regarde :
« Et's-vous ici par force ou par plaisir?
— Au château de la Garde,
Trois cavaliers m'ont pris. »

Dessus ce propos-là,
Le souper se prépare.
« Soupez, la bell', soupez en appétit;
Hâte-toi, capitaine;
Voici venir la nuit.

Quand l'souper fut fini,
La belle tombe morte;
Elle tombe morte pour ne plus r'venir.
— Au jardin de son père,
Il nous faut revenir.

Sus, mes bons cavaliers,
Sonnez de vos trompettes;
Ma mie est morte! sonnez piteusement ;
Nous allons dans la terre
La porter tristement.

— De nos fols ennemis
N'est-ce pas l'avant-garde?

Baissez la herse et nous nous défendrons :
Cette tour, Dieu la garde !
Point ils ne la prendront.

— Beau sire de la Garde,
Ouvrez-nous votre porte ;
Vot' fille est morte ; là-bas, dans le vallon,
Un serpent l'a mordue
Dessous son blanc talon.

Il nous faut l'enterrer
Au jardin de son père,
Sous des rosiers tous blancs et tous fleuris,
Pour mieux conduire son âme
Tout droit en paradis.

Quand ils furent dans le jardin,
La belle ressuscite :
— Bonjour, mon père, bonjour vous soit donné ;
Bonjour, j'ai fait la morte,
Pour mon honneur garder.

Et quand les rosiers blancs
Eurent des fleurs nouvelles :
Allons, ma fille, il faut vous marier.
— Ah ! pauvre capitaine !
Le duc va l'épouser.

Le moine trop matinal.

Trop, trop, trop s'est levé le moine,
Trop, trop, trop s'est levé matin.

La brume était épaisse ;
Se trompe de chemin.

Trop, trop, trop s'est levé le moine,
Trop, trop, trop s'est levé matin.

Il monte sur un chêne,
Pour mieux voir son chemin.

Trop, trop, trop s'est levé le moine,
Trop, trop, trop s'est levé matin.

La branche était trop sèche,
Tombe sur le chemin.

Trop, trop, trop s'est levé le moine,
Trop, trop, trop s'est levé matin.

Rentre, en traînant la jambe
Tout le long du chemin.

Trop, trop, trop s'est levé le moine,
Trop, trop, trop s'est levé matin.

Le Pommier d'amour.

Derrière chez nous,
Vous ne savez pas ce qu'il y a ?
Il y a un pommier,
Un pommier d'amour, madame

Sur ce pommier,
Vous ne savez pas ce qu'il y a?
Il y a un p'tit nid,
Un p'tit nid d'amour, madame.

Dans ce p'tit nid,
Vous ne savez pas ce qu'il y a?
Il y a un oiseau,
Un oiseau d'amour, madame.

Sous cet oiseau,
Vous ne savez pas ce qu'il y a?
Il y a un p'tit œuf,
Un p'tit œuf d'amour, madame.

Dans ce p'tit œuf,
Vous ne savez pas ce qu'il y a?
Il y a un billet,
Un billet d'amour, madame.

Dans ce billet,
Vous ne savez pas ce qu'il y a?
Il y a que je suis
Votre serviteur, madame.

Le beau château.

J'ai un beau château,
Matanturelure lure,
J'ai un beau château,
Matanturelure lo.

Le mien est plus beau,
Matanturelure lure,
Le mien est plus beau,
Matanturelure lo.

« La suite de ces couplets, sur lesquels les enfants figurent une contredanse, est de pure fantaisie. La tradition ne nous a légué que ces deux premières strophes. »

La Berceuse.

Dodo, l'enfant do,
L'enfant dormira tantôt.

Une poule blanche
Est là, dans la grange,
Qui va faire un petit coco
Pour l'enfant qui va faire dodo.

Dodo, dormez, poulette,
Dodo, dormez, poulot.

Dodo, l'enfant do,
L'enfant dormira tantôt.

Le p'tit Coq.

Un p'tit coq, dessus un mur,
Qui picotait du pain dur,
 Picoti, Picota,
Lèv' la queue et puis s'en va.

Si ce bizarre quatrain ne se trouvait dans la bouche de tous les enfants, nous n'aurions pas osé en garder la mémoire. Mais qui ne l'a entendu fredonner par sa mère nourrice ?

En revenant de Saint-Alban.

En revenant de Saint-Alban,
Et ne vous estimez pas tant ;
Et ne vous zeste ziste zeste,
Et ne vous estimez pas tant.

J'y ai rencontré un marchand :
— Que vendez-vous là, le marchand ?
Et ne vous zeste ziste zeste,
Et ne vous estimez pas tant.

— Ce sont là des cœurs que je vends :
— Combien les vends-tu, le marchand ?
Et ne vous zeste ziste zeste,
Et ne vous estimez pas tant.

— Moi, je les donne aux jeunes gens,
Mais aux plus vieux pour de l'argent ;

Et ne vous zeste ziste zeste,
Et ne vous estimez pas tant.

Aux jeunes gens le paradis,
Et pour les vieux, je les bénis,
Et ne vous zeste ziste zeste,
Et ne vous estimez pas tant.

— Tu peux bien t'en aller, marchand;
Tu n'auras guère de chalands;
Et ne vous zeste ziste zeste,
Et ne vous estimez pas tant.

NOTE

SUR LA PREMIÈRE ÉDITION.

Quoiqu'un travail, fait à coups de ciseaux, soit tout à fait élémentaire, il nous est arrivé, en réunissant les chansons de ce volume, d'éprouver des hésitations singulières, et de nous demander si notre désir de rassembler de vieilles légendes et d'anciens récits ne nous entraînait pas au delà des limites raisonnables.

Nous sommes loin cependant d'avoir recueilli tous les fabliaux et tous les refrains populaires que nous avons rencontrés dans nos souvenirs et dans les ouvrages qui nous ont précédés dans cette voie. Il en est qui ne pourraient souffrir l'impression, non pas seulement à cause de leur crudité ou de leur naïveté gauloises, mais par leur insignifiance propre. — Ce sont des récits confus, des paroles sans enchaînement logique, des onomatopées bizarres qui doivent leur vie persistante à des rengaînes plus ou moins réussies, à des sonorités profondément inscrites dans l'âme, et qui percent à travers les couches géologiques que l'éducation et le temps déposent en nous.

Il faudrait, pour autoriser la publication d'un livre pareil, qu'on pût faire accompagner les chansons, que la tradition nous a léguées, des airs qui les justifient et qui en complètent le sens. Mais cette tâche est plus difficile qu'il ne le semble au premier abord. Quelques chansons n'ont, à vrai dire, aucune mélodie bien arrêtée. Elles procèdent par des lambeaux de phrases musicales, passablement indécis, et n'ont aucun sentiment de la tonalité; qui est d'invention toute moderne.

Voilà pourquoi l'on ne saurait écrire ces thèmes si peu

connus sur un accompagnement quelconque, sans les arranger, les régulariser, et par conséquent les défigurer. Tout accompagnement suppose une tonalité, c'est-à-dire un point de départ d'où la mélodie s'éloigne, pour atteindre une certaine limite, et pour retomber sur l'accord primitif.

La chanson populaire étoufferait dans ces règles absolues et ferait l'effet d'une beauté campagnarde, gênée et guindée dans un corset et une robe de velours. C'est tout au plus si on peut l'assujettir à la note et au rhythme. La note a sa valeur définie ; la musique n'admet au moins que des demi-tons, et les voix rustiques hachent quelquefois la mélodie en plus menus morceaux. Quant au rhythme, il se modifie suivant les paroles, la longueur souvent variable des vers de chaque strophe, et mille autres circonstances de pluie et de beau temps qui n'enlèvent pourtant pas à la chanson sa saveur agreste ou naïve. — C'est le Protée insaisissable, qui change de forme à chaque instant, mais dans lequel on reconnaît toujours un dieu.

Ce dernier mot paraît ambitieux sans doute, mais que de perles enfouies dans ces débris ! que de belles filles à faire passer de la mauvaise compagnie dans la bonne ! Un des plus charmants airs de *la Sirène : O dieu des flibustiers*, est directement issu, presque note à note, d'un vieux Noël gascon : *Rébeillats bous, meynades*. — Est-il bien sûr que notre maître Auber n'en conservait pas une lointaine réminiscence ?

On entend souvent le soir, dans les campagnes du midi, des mélodies qui s'élèvent, et qui passent dans les airs comme un oiseau, avec des frémissements d'ailes. Ce sont les jeunes filles qui rentrent au logis, après une journée de travail ; ce sont les laboureurs qui cheminent, en se dandinant, à la tête de leurs bœufs fatigués. A peine la dernière note s'est-elle enfuie qu'on essaie de rattraper l'air perdu. On saisit un à-peu-près, mais on ne reconnaît plus la grâce rustique et l'accent inculte de la première impression. Lorsqu'on est arrivé à traduire clairement la mélodie fugitive, on ressent une sorte de désillusion, car elle paraît copiée sur des refrains connus et ponsifs. J'en citerai un seul exemple ; il s'agit d'une chanson que disent les petites filles de chez nous :

Quand on écoute cet air pour la première fois, il frappe par son accent familier, et l'on est assuré de l'avoir entendu déjà. Mais où ? voilà le problème que personne n'a pu résoudre.

Ces explications un peu longues répondent à quelques demandes qui ont précédé l'apparition de cet ouvrage. L'édition à prix réduit que nous voulions publier ne nous permettait pas de joindre à nos chansons leurs airs notés. C'est un travail spécial, que nous pourrons plus tard entreprendre, si l'on nous y engage, mais au sujet duquel nous devions faire nos réserves.

Ce qui nous paraît plus facile, ce qui sera probablement un des résultats de ce livre, c'est l'écho que nous allons réveiller sur tous les points de la France, où touche la publicité de notre Journal.

Si nos lecteurs le veulent, nous pouvons faire un second volume de chansons, d'autant plus curieuses qu'elles seront presque toutes inédites, et qu'elles nous arriveront à la fois des provinces les plus reculées et les moins explorées à cet égard.

Nous faisons donc un appel aux collaborateurs inconnus, et si nous rassemblons les matériaux nécessaires, ils peuvent compter à la fois, et sur notre reconnaissance, et sur un des premiers exemplaires de notre future publication *.

G. RICHARD.

* Toutes les communications relatives à cette demande devront être adressées au directeur de la librairie du *Petit Journal*.

La double table alphabétique que nous publions par « TITRES » et par « PREMIER VERS » de chansons se justifie en ceci, que certaines chansons sont populaires par le nom qu'elles portent, et d'autres par leur début.

Il pleut, il pleut, bergère, — *Ah ! que l'amour est agréable !* sont mieux acquis à notre mémoire que *l'Orage* et *la Barque à Caron.*

En revanche, *Cendrillon, Dagobert, Cadet Rousselle,* sont tout entiers dans leurs titres.

Nous avons donc cru bien faire en donnant deux index qui faciliteront les recherches de nos lecteurs.

TABLE ALPHABÉTIQUE

DES

CHANSONS POPULAIRES

PAR TITRES DE CHANSONS

	Pages.
Adieux de la Tulipe.................................	212
Adieux d'un troubadour.............................	166
Ah! le bel oiseau, maman!.........................	84
Ah! vous dirai-je, maman?.........................	130
Amant discret.......................................	224
Amour filial..	188
Amour, marchand de plaisirs.......................	193
Amusez-vous, belle.................................	86
Au bois Rossignolet................................	248
Au clair de la lune.................................	119
Avaricieuse...	205
Barcarolle de Marie.................................	171
Barque à Caron.....................................	129
Batteux...	272
Bayard..	29
Beau château.......................................	302
Belle, allons nous épromener......................	259
Belle au jardin d'Amour............................	274
Berceuse..	302
Bonne aventure.....................................	174
Bossus..	120
Boulangère...	81
Bouquet de ma mie.................................	275
Bourbonnaise.......................................	50
Bouton de rose.....................................	159
Brave capitaine.....................................	291
Brebis perdue......................................	282
Cabaret...	35

	Pages.
	105
Cadet Rousselle	17
Ça ira	15
Carmagnole	289
Cécilia	168
Cendrillon	291
Chanson à marier	226
Chanson de Lisette	261
Chanson de l'aveine	39
Chanson de maître Adam	46
Chanson de Manon	237
Chanson du hanneton	160
Chant du Barde	9
Chant du départ	14
Chant républicain	89
Charmante Gabrielle	283
Chasseur et Bergère	251
Château de mon père	231
Chevalier du guet	196
Chevalier errant	146
Clémence Isaure	263
Cloches	179
Colinette	124
Compère Guilleri	94
Comte Orry	177
Conseils aux femmes	185
Coralie	205
Curieuse	237
Dans un jardin	44
Délire bachique	276
Départ	21
Départ du conscrit	30
Départ du grenadier	160
Départ pour la Syrie	41
Dernière goutte	252
Derrière chez nous	284
Deuil d'Amour	157
Dormez, chères amours	85
Dumollet	211
Éducation de l'Amour	38
Effets du vin	280
Eho!	34
Éloge de l'eau	207
Émigration du plaisir	136
Enfant prodigue	303
En revenant de Saint-Alban	239
En revenant des noces	202
Ermite de Sainte-Avelle	208
Estelle	33
Fanchon	

Fanchon la vielleuse	173
Fanfan la Tulipe	25
Fête des bonnes gens	199
Fille à Nicolas	210
Fille du savetier	53
Fille-oiseau	210
Filles de Cernois	287
Filles de la Rochelle	264
Fin du jour	181
Flâneur	57
Fond de la besace	77
Gamelle patriotique	31
Gascon	65
Gasconne	83
Geneviève de Brabant	140
Gentil Bernard	176
Gentille Annette	191
Giroflé, Girofla	232
Grandes vérités	54
Héloïse et Abeilard	97
Hirondelles	158
Histoire de Manon	86
Hollandais	76
Il était un' bergère	234
Indifférente	281
Jadis et aujourd'hui	68
J'ai du bon tabac	121
J'ai tant pleuré	285
Jardin d'Amour	238
Jean de Nivelle	149
J'entends chanter ma mie	274
J'étions trois capitaines	258
Jolie coupe	244
Joli dragon	235
Jolie fille de la Garde	299
Joli mai	289
Joli petit navire	266
Joseph	171
Juif errant	131
J'y ai planté un rosier	286
Lantara	43
La Palisse	112
La pitié n'est pas de l'amour	227
Laverdi, laverdon	252
La vie est un voyage	198
Leçon	172
Leçon d'une mère à sa fille	204
Lettre de faire part	190
Lorsque j'étais petite	256

	Pages.
Malbrough	102
Margoton et son âne	150
Marguerite	227
Marie	170
Marmotte en vie	99
Marseillaise	7
Matelot de Bordeaux	91
Ménage de garçon	60
Mère Bontemps	153
Mère Michel	119
Meunière du moulin à vent	82
Mignonne, je vous aime	269
Michaut veillait	246
Moines	80
Moine trop matinal	300
Mois des fleurs	275
Mon père me marie	297
Mon pèr' m'envoi'-t-à l'herbe	277
Monsieur et madame Denis	51
Montano et Stéphanie	177
Moulin	241
Musette	164
Nina	206
Nous étions dix filles	293
Nous étions trois filles	126
Nouvelle Bourbonnaise	213
N'y a rien d'aussi charmant	259
Orage	128
Paille	62
Parisienne	11
Pauline	201
Pauvre homme	295
Pauvre Jacques	152
Pernette	279
Petit coq	303
Petite Rosette	247
Petit maître	216
Petit mari	200
Petit soldat	281
Philosophie bachique	42
Pingo les noix	296
Pipe de tabac	123
Plaintes d'une amante abandonnée	45
Plaisir d'amour	197
Plus on est de fous, plus on rit	37
Point du jour	181
Pommier d'amour	301
Pont d'Avignon	297
Portraits à la mode	71

	Pages.
Pourquoi me faire la mine?.	288
Pré aux clercs.	169
Premier pas.	178
Quand j'étais vers chez mon père.	255
Raretés.	74
Refrain du chasseur.	92
Regrets.	225
Relantamplan.	23
Reproches à Catherine.	222
Ressemblance.	180
Ressemblance et différence.	219
Retour de Pierre.	187
Retour du conscrit.	22
Retour du troubadour.	162
Richard cœur de lion.	161
Roi Dagobert.	107
Roi des plaisirs.	63
Roland.	28
Romance de Richard.	183
Romance du saule.	209
Ronde de Caux.	243
Ronde de l'Amour.	175
Ronde maritime.	204
Ronde saintongeoise.	269
Rosier.	158
Rosier d'argent.	263
Rossignolet des bois.	278
Sans gêne.	215
Saute, ma jolie blonde.	268
Semaine bachique.	36
Si le roi m'avait donné.	260
Souhaits.	165
Souhaits de l'Attaignant.	194
Souvenirs de l'exilé.	156
Souvenirs du bon vieux temps.	186
Souvenirs d'un vieux militaire.	19
Sultan Saladin.	182
Sur la montagne, ma mère.	262
Sur le bord de l'île.	265
Sur le pont du Nord.	293
Suzon.	189
Tambourin.	195
Tante Marguerite.	154
Tentation de saint Antoine.	95
Trois princesses.	250
Veillée.	184
Vieille.	229
Vieille à marier.	245
Violette double.	254

	Pages.
Visitandines	167
Vive Henri quatre	13
Vivre loin de ses amours	166
Voilà tout	296
Voyage de l'Amour et du Temps	151

www.ingramcontent.com/pod-product-compliance
Lightning Source LLC
Chambersburg PA
CBHW071504160426
43196CB00010B/1416